读懂投资 先知未来

舵手证券图书
www.duoshou108.com

大咖智慧
THE GREAT WISDOM IN TRADING

成长陪跑
THE PERMANENT SUPPORTS FROM US

复合增长
COMPOUND GROWTH IN WEALTH

一站式视频学习训练平台

# 职业期货交易者

(美)斯坦利·克罗 著　　陈瑞华 译

山西出版传媒集团
山西人民出版社

## 图书在版编目（CIP）数据

职业期货交易者 / (美)克罗著；陈瑞华译. -- 太原：山西人民出版社，2013.1（2024.1重印）
ISBN 978-7-203-08003-9

Ⅰ.①期… Ⅱ.①克… ②陈… Ⅲ.①期货交易 Ⅳ.① F713.35

中国版本图书馆 CIP 数据核字（2013）第 014535 号

Copyright © 1974 by Stanley Kroll. Chinese edition arrangement by W-A publishing. All rights reserved.

版权归作者本人所有，中文版权利由 W-A Publishing 公司授予我社，盗版必究。
著作权合同登记号　图字：04-2012-025

### 职业期货交易者

|      |      |
| ---- | ---- |
| 著　　者： | （美）斯坦利·克罗 |
| 译　　者： | 陈瑞华 |
| 责任编辑： | 孙　琳 |
| 出　版　者： | 山西出版传媒集团·山西人民出版社 |
| 地　　址： | 太原市建设南路 21 号 |
| 邮　　编： | 030012 |
| 发行营销： | 0351-4922220　4955996　4956039 |
|      | 0351-4922127　（传真）　4956038　（邮购） |
| E-mail： | sxskcb@163.com　发行部 |
|      | sxskcb@126.com　总编室 |
| 网　　址： | www.sxskcb.com |
| 经　销　者： | 山西出版传媒集团·山西人民出版社 |
| 承　印　厂： | 廊坊市祥丰印刷有限公司 |
| 开　　本： | 710mm×1000mm　1/16 |
| 印　　张： | 14 |
| 版　　次： | 2013 年 3 月第 1 版 |
| 印　　次： | 2024 年 1 月第 3 次印刷 |
| 书　　号： | ISBN 978-7-203-08003-9 |
| 定　　价： | 68.00 元 |

**如有印装质量问题请与本社联系调换**

# 译者序

当今世界正在经历一场前所未有的调整和变革,但竞争和发展依然是其中的基本主题。经济全球化的深入发展,不仅会逐步成就一个全球统一市场,而且会最终促成世界多极化局面。作为一个崛起中的大国,中国是这一进程的重要参与者。"发展才是硬道理"。如何借鉴全球经济和市场文明的成果,稳步推进我国市场经济的深入发展,不断提升国家的经济实力,是我国当前乃至未来很长一段时间内面临的基本任务。

作为现代市场经济体系的重要组成部分,期货和金融衍生品市场对实体经济和国民经济的健康稳定发展意义非凡。面对全球经济调整和变革的持续深化、大宗商品和金融市场价格剧烈波动的市场环境,很多市场主体充分利用期货和金融衍生品工具,转变经济发展方式,提高经济运行质量,期货市场的价格发现和风险管理功能得以进一步发挥。

如何才能有效利用期货和金融衍生品工具?怎么才能成为市

场的赢家？这可能是很多市场参与者和观望者普遍存在的疑问。为了帮助大家认识期货市场，把握期货投资的风险和策略，应山西人民出版社之托，我特别选择并翻译斯坦利·克罗的《期货交易策略》和《职业期货交易者》奉献给大家。

斯坦利·克罗是很多中国期货市场参与者熟悉的期货投资专家。他的传奇投资经历和经典投资策略在全球期货投资界广为流传，《期货交易策略》和《职业期货交易者》既是他对自己投资经历的客观描述，也是对自己投资策略的精炼总结。这两本著作具有两个鲜明特点：其一，寓经验于经历。克罗并没有刻意去渲染自己的投资经验，而是以铺陈叙事的方式，向读者展示了期货交易所、期货公司、金融服务商、期货投资者的各种不同情境，呈现了期货市场的真实生态，并通过自己多年的交易经历描述，向读者揭示"市场永远是对的"这一真谛。其二，寓策略于常识。克罗巧妙地把人们的生活常识嫁接到他对期货交易的深刻理解。在他看来，成功投资者主要在于能够克服"情绪、感觉和主观"等人性的弱点，建立适合自己的交易哲学。通过对自己交易经历的真实再现和对成功交易大师的经验领悟，克罗成功地让读者接受自己关于"交易策略、资金管理策略、风险控制、简单交易"等一系列投资策略的认识和理解。因此，读者翻开这两本书，可能会有一种小时候一个人静静地看连环画的感觉。这也许就是克罗想要的。

要指出的是，克罗的时代毕竟已经过去，当今的期货和金融衍生品市场不断深化，交易理论和交易技术都空前发展，克罗的交易策略和经历只能给我们提供一些最朴素的（当然也是最精华的）交易思想。但我相信，这些朴实的素材和思想可以激发大家对当今市场和交易发展的深刻思考。

作者的成就灼灼其华，对译者形成巨大的压力。翻译中的偏颇和错误在所难免，欢迎大家通过电子邮箱(chenruihua@gmail.com)批评指正。

陈瑞华
2012年10月
于南开大学经济学院

# 推荐序

有人说，期货市场是地球上最具魅力的地方，他吸引了这个世界上最顶尖的金融机构、卓越企业和最睿智的个人投资者；他在今天全球经济体系中，占有异乎敏感的重要位置，他的影响力无处不在；他汇聚了全世界最天才的大脑，包括经济学家、金融家、数学家、企业家、投资家、电脑工程师，他能给予一个人的才智、奋斗以最大的回报，同时他也是最激烈的竞技场，在这里一个人的知识、阅历、技能、毅力和对生活的态度都将接受市场最严厉的考验。在这个市场中，如何生存并且持续盈利，是一个永远不会结束的课题。

斯坦利·克罗先生无疑是这个竞技场中最优秀的角斗士之一。克罗先生从1960年进入华尔街，33年的时间一直从事商品期货交易，不但赢得了丰厚的回报也积累了丰富的经验，成为名扬四海的顶级期货投资专家。

| 序 |

在《职业期货交易者》中，克罗先生向我们展示了他在1971年—1974年三年中激动人心的投资传奇，克罗先生从18000美元起步，盈利超过100万美元。通过本书，我们得以旁观克罗先生位于25大街的交易室，看看在这间2100平方英尺、铺着羊毛地毯、摆设胡桃木家具的玻璃墙办公室里，克罗先生如何交易，他每天在做什么。虽然当年的交易条件与今天大为不同，但是回顾克罗先生的记录和笔记，跌宕起伏的交易过程在今天读起来，仍然让人忍不住紧张激动，为克罗先生精深的投资理念和高超的投资技术所折服，对其执著钻研坚韧不拔的毅力更是倍感钦服，甚至我们能体会出他在三年投资大胜利中途的"头痛、心痛、胃痛、挫折、焦虑、不确定、狂喜、胜利和惨败"，如此真实的现场学习，相信对每一位期货投资者，都是难得的机会，阅读本书必将受益匪浅。

斯坦利·克罗先生是最早关注中国的华尔街投资大师，相比其他华尔街大师，克罗先生更熟悉亚洲的交易者，他在20世纪90年代就来到香港投资公司，1998年到北京担任投资顾问。他认为亚洲的交易者具有成功的潜质，很有进取心，充满勇气，可能是世界上最好的交易者。然而他认为亚洲的交易者也有需要克服的缺点。我相信，中国的期货交易者需要多倾听克罗先生的建议，不但是交易者，期货行业从业人员、期货经纪人员也同样如此。

从1990年郑州商品交易所开业算起，我国期货业的发展已走过22个年头，我国期货经纪公司依据后发优势，在硬件水平方面发展迅速，早已达到或超过国际同行水平，但是在经济功能、服务水平、从业人员素质、行业渗透能力方面，相比欧美同行仍然有较大的差距。期货行业是一个特别强调专业化的行业。培养壮大一只具有专业化服务能力的经纪人团队，是当前国内各大期货经纪公司的一大工作方向。人才的培养，离不开科学专业的教材资料，我认为，克罗先生的《期货交易策略》正是一本优秀的经纪人教材，不要忘了，克罗先生也曾是一名非常成功的优秀期货经纪人。

在斯坦利·克罗眼中，期货市场就像非洲的原始森林，身在其中最重要的是求生存。他有一句名言：只有时刻惦记着损失，利润才可以照顾好他自己！克罗的这种理念在执行中主要依靠技术方法。他的座右铭就是：KISS（Keep It Simple, Stupid）——追求简洁，即坚持简单的交易方法。克罗对期货投资的成功经验首先强调的就是：判断趋势错误时就立即砍仓出场。风险控制和约束才是期货投资成功的关键。他认为每个人都应当有自己的市场哲学或者投资策略，都应该有控制风险的工具或者理念。

克罗先生的这些投资思想，体现出了重视风险控制、重视交易技术、重视科学制定交易计划、重视个性化投资策略等多方面的重要内容，这些内容是每一位期货经纪人出色服务投资者的必修课，对于期货从业人员提高专业化服务能力，能够起到非常好的提升作用。而且，克罗先生的这些理念都是以其本人真实的投资经历为基础阐述，包含感情且写作行云流水，读起来全无晦涩艰深的感觉。

| 序 |

因此，我诚挚地把斯坦利·克罗先生的这本著作推荐给我们的每一位期货从业人员每一位期货经纪人，阅读这样一本生动的专业书籍，一定是开卷有益。

《期货日报》社社长

2012年11月8号

## 期待我国的期货交易大师

经过20年的发展,我国期货市场规模不断扩大,品种体系逐步健全,价格发现和风险管理的作用日趋深化,期货投资也日益受到社会各界的普遍关注。我国已经成为全球最大的商品期货市场,豆粕、白糖、天然橡胶、螺纹钢等品种的成交量在世界范围内都处于领先水平。沪深三百股指期货作为率先推出的金融期货品种,成交额已经占到了整个期货市场成交额的40%以上,大有后来居上的势头。继2011年推出三个新品种之后,2012年又有白银、平板玻璃、菜籽、菜粕新品种上市交易,国债期货、原油期货、铁矿石期货等大品种也在紧锣密鼓的推进之中;投资咨询和资产管理业务的陆续开展,使得期货行业的金融服务能力得到初步的释放。这些事实充分说明,我国期货市场正在经历着从"量的扩张"到"质的提升"的转变。

伴随着期货市场一同成长的还有我们的投资者,在普通投资者数量上升的同时，机构投资者也被进一步引入期货市场，期货市场投资者结构日趋合理。截止2011年底，全国期货公司代理客户量为164.36万户，其中自然人客户为159.93万户，占比为97.30%；法人客户为4.42万户，占比为2.70%。同时我们也注意到，从客户权益结构来看，100万以下客户数占比为89%~98%，权益额占比仅为21.83%；1000万以上客户数仅占0.13%，但权益额占比却为48.9%，即近一半的权益比例，这说明我国期货中场仍然是一个中小投资者占据主导的市场。

不论投资者选择套利还是单边交易的方式参与期货市场，其最终目的都是希望通过承担一定的风险来获得可观的收益。而期货市场的竞争是残酷的，"明星多、寿星少"，"流星多、恒星少"，绝大多数投资者最终可能都会遭受损失而不得不离开期货市场。作为期货交易者，必须在技术分析、实体经济基本面、交易技巧、交易心理等多个方面不断完善自己才能在期货市场中生存下来。期货市场是一个"高精尖专"性质的市场，对参与者的要求自然也是极高的。特别是在我国期货市场正在经历质变的今天，组合投资、套利交易、量化交易、程序化交易、高频交易交易等新的交易方式正在逐渐使市场的行为发生着悄悄的改变，交易者更需要迅速适应新的市场环境。

成功的期货交易者应该是具备多方面知识和能力的复合型人才：既需要熟悉实体经济的运行规律，具体行业的市场格局，又需要熟悉技术分析指标的运用；既需要具备承受一定风险的良好心理素质，又需要严格控制风险的能力和技巧；既需要掌握传统的交易技巧，在程序化交易方兴未艾的今天又需要具备一定的交易编程技能。应该说对绝大多数投资者来说，都还需要付出极大的努力来提升自己的交易水平。

迅速提升交易水平的一种方式就是与交易大师交流。但是受到实际条件的限制，一般交易者很难与这些大师级人物进行直接交流。因此，读关于交易大师的书籍，就成为广大交易者的现实选择。一般来说，关于交易大师的书籍大体上分为两种，一种是如《如何从商品交易中获利》等由交易大师撰写的书；另一种是如《股票大作手回忆录》等由别人撰写的关于交易大师的书。毫无疑问，前一种更能贴近大师的思想，因此对交易者的帮助也会更多。

斯坦利·克罗作为传奇般的交易大师，在1970年曾创造了如火箭发射般的财富增值，他的交易技巧和交易哲学一直为期货市场所津津乐道。在他的两部著作《期货交易策略》和《职业期货交易者》中，斯坦利·克罗围绕成功进行期货交易所需要的纪律和客观方法进行了详尽的阐述，这些知识无疑是我国期货交易者所急需的。现在，这两本经典著作的中文版与我国的广大交易者见面了，相信这两本书将会对提高交易者的交易水平作出应有的贡献。同时我也坚信，伴随着我国期货市场的不断发展，必将涌现出越来越多的交易大师。"千里之行始于足下"，就从阅读克罗的著作开始交易大师的成长之路吧！

胡俞越

北京工商大学证券期货研究所所长

2012年12月25日于北京

# 君子忧道不忧贫

## ——读斯坦利克罗先生的书有感

斯坦利·克罗先生是20世纪七八十年代期货界的传奇人物，《期货交易策略》和《职业期货交易者》这两本书思想深邃，内涵丰富，对启迪投机者的智慧和实战交易都具有重大的指导意义。出版社朋友希望我写个序言，我何德何能，写序肯定不敢，只能结合自己的期货交易教训和经验，写一点粗浅的读书感悟和体会。

斯坦利·克罗先生是国内期货投资者的老朋友，早在1994年，中国经济出版社就翻译了他的《克罗谈投资策略》一书，记得中国期货市场的创始人田源博士曾经写过推荐序。在我的印象中，国内投资界系统、大量的引进国外的投资经典书籍，包括介绍杰西·利弗莫尔、索罗斯、巴菲特等的著作，是在1997到1998年东南亚金融危机以后。在此之前，市场上流行的主要是一些港台技术分析的书，给投资者介绍市场价格判断的方法、技巧、工具等内容。关于期货交易的思路、理念、策略，以及风险管理的重要性和投机者的心理、心态建设，只有两本书给我留下了深刻的印象，一本就是《克罗谈投资策略》，另一本是丁圣元先生翻译的《期货市场技术分析》。

应该说我和克罗先生是很有些缘分的，除了我们俩都是杰西·利弗莫尔的忠实粉丝，我还零零碎碎的知道他不少小事：他曾经被中国证监会期货部聘为顾问，1994年他就来过广州讲课，后来还在北京的一家公司做过投资顾问。前几天刚好碰到当年请他的那家公司的老总，多年以后谈到斯坦利·克罗先生，这位老总依然记忆犹新。说克罗先生非常敬业，每天早上总是第一个到公司，拿着分析翔实、逻辑完整的交易计划，西装革履地站立着等大家上班。看到这个头带着投资大师光环的老头如此严谨的工作态度，大家内心都非常震撼！

我第一次买到克罗的书很偶然。1997年我到武汉看我师兄，闲来无事，就逛进了他家旁边一家非常僻静的书店，好像是在汉口万松园附近。我突然发现书架的角落里竟然堆着十多本薄薄的《克罗谈投资策略》，上面布满了灰尘，书很便宜，但明显没有多少人留意，克罗先生的书放在这里确实是明珠暗投了。不过，冥冥之中这样的偶遇，让我和克罗先生的不解之缘结的更深了。

遗憾的是，尽管克罗先生的书一直摆放在我书桌边，在1997年后的相当长时间，我也多次反复阅读过，但是，我似乎并没有读懂斯坦利·克罗到底在说什么,也没有理解这本书中蕴含的深邃的投机智慧。

"顺势而为"、"只有在市场出现强烈的趋势特性,或者你的分析显示市场正在酝酿形成趋势,才能进场";

"顺势而为的仓位可以给你带来丰厚的利润,因此千万不要提前下车"、"保持仓位不动,直到你客观分析之后发现,趋势已经反转或者就要反转";

"斩掉亏损"、"最早的亏损是最廉价的亏损";

期货交易"暴利是目标",不要去参与短线交易、挤油交易;

要有耐心和纪律等待大的交易机会,有勇气和胆量坚持自己的判断和仓位;

……

这些都是从斯坦利·克罗书中摘录的原话,克罗先生还用大量正反两方面的实战案例来说明遵循上述理论、策略对投机者的价值和意义,与之背道而驰对投机者带来的巨大灾难。

有人说,大道至简,克罗先生书中也提出,交易要保持简单。但不要忘了,中国还有一句古话,人间正道是沧桑。投机市场中简单是美,简单更是一种大智慧。然而,这种美和大智慧来自哪里?一定来自痛苦而复杂的期货交易经历给投机者带来的体验和感悟。有朋友开玩笑说,期货交易不爆过几次仓,没有大赢大输过,没有经历过几轮牛市熊市,怎么可能领悟期货投机的大道和真谛?

# The Professional Commodity Trader | 职业期货交易者 |

　　进入期货市场这么多年,我觉得自己在这个行业里更像是一个书生或者学者,而不太像是一个精明的商人。交易时间,我是参与市场的投机者,或者说赌徒;交易之外的时间,我和我的团队是期货投资之道的探索者、思考者和研究者。曾经相当长的时间,我一直沉迷于追求期货交易的完美、极致,试图打造出一个适应市场不同情况、能够全天候作战的交易体系。在那个阶段,克罗先生书中阐述的单纯而质朴的投机智慧,我非但不认同,反而觉得自己比他想得更系统、更深入、更高明,交易结果应该更好。你看,上面引述的克罗先生的每一个观点,我都觉得可以更好的变通和提升:

　　克罗先生说要"顺势而为",我却看到很多时候市场反趋势运动非常剧烈,运动幅度大、运动速度快,这样的快钱投机者为什么不去赚呢?几年前,我一度狂妄和自负到想去写一本《逆势交易的技巧》之类的书。无独有偶,有我这样想法的人在投机市场还真不少,前几年,华尔街还真有一哥们写了一本类似的书,而且还成了金融投机的畅销书。

　　克罗先生说,"只有在市场出现强烈的趋势特性,或者你的分析显示市场正在酝酿形成趋势,才能进场"。在我看来,交易为什么要这么刻板和保守呢?不管市场趋势如何,总有很多品种每天盘中波动很大,如果你反应灵敏、技巧娴熟,不是有更多的交易机会吗?

　　克罗先生说,"顺势而为的仓位可以给你带来丰厚的利润,因此千万不要提前下车"、"保持仓位不动,直到你客观分析之后发现,趋势已经反转或者就要反转"。大家知道，很少有市场趋势是直线运动，在波浪上升的趋势运动中，高抛低吸不是更有效率吗？为什么眼睁睁看着浮动利润缩水而呆若木鸡？

克罗先生说，期货交易"暴利是目标"，不要去参与短线交易、挤油交易。长城是一块一块砖垒起来的，期货交易为什么一定要抓住大的机会一举获得暴利，而不能通过一笔笔短线交易利润积累而成功？

……

投机市场是一个迷宫。十多年前，我在期货交易中还是一个不知天高地厚的毛头小伙，浮躁的心理，无知的认识，急功近利的欲望，根本不可能让我意识到克罗先生这些思想中包含的深刻的市场观、聪明的投资策略和巨大的人性洞察力。还自作聪明的画蛇添足，希望完善、提升克罗先生的投资思想和策略，结果如何呢？我顺势做，逆势也做；长线做，短线也做；有信号做，没信号也做。逻辑混乱、自相矛盾，什么都想要，往往什么都要不到，越做越糊涂，最后迷失在市场交易的大海里。

"孔子登东山而小鲁，登泰山而小天下"。经过近20年的市场锤炼，在经历了无数次血雨腥风的战斗，交了很多次数目巨大的学费，在我成为一个职业投资人以后，再来阅读斯坦利·克罗先生的书，内心的感悟和触动，真是百感交集。

投机之道简单吗？简单！但这种简单的背后却包含着非常复

杂的市场交易的道理以及投机者艰难的人生体验，我们必须知其然并且知其所以然，才能认同大道至简这个看起来非常单纯的智慧。

"无根浮盈空欢喜，未悟真经套中人"，这是浓汤野人在我上海公司开业典礼上谈到投机之道时引用的一句诗，我觉得非常深刻。在我眼里，克罗是一个名副其实、深谋远虑的智者，他的两本书，一定能够更好地帮助我们领悟期货交易的真经。

《十年一梦》作者　著名操盘手

2013年1月5日

# 前　言

从20世纪70年代早期开始，商品交易受到投资者和观察家们有史以来最多的关注。刚开始很少人，随后越来越多的人想研究成功的专业交易者的思想，想知道他是如何操作，如何赚钱，成功的秘诀是什么。

我们和大部分人一样赚钱——尽管有时候我们赚钱的速度随着市场的涨跌而加快。

成功的秘诀在于：了解市场，了解特定商品，了解每个市场的基本面和技术面，快速反应，对时机敏感，一点运气，大量的耐心和勇气。再加上丰富的经验，一点点的"热度"，大量的"厮杀"，这样你就上路了。

显然，通过商品交易可以赚大钱。但利润看起来难以捉摸，不够真实，几乎所有投机者（包括很多专业人士）最终都亏了，很多人亏得很厉害。当然，大部分交易者亏了多少钱，少数快乐的人就赚了多少钱。

如果你愿意，本书会简短地讲述全世界快速增长的人们的赚钱方式。仅在美国，就有约50万个活跃的商品交易者，在遍布全球的金融中心还有无数的交易者。他们每年的交易很活跃,请看图1。

1957年—1973年17年间的成交量

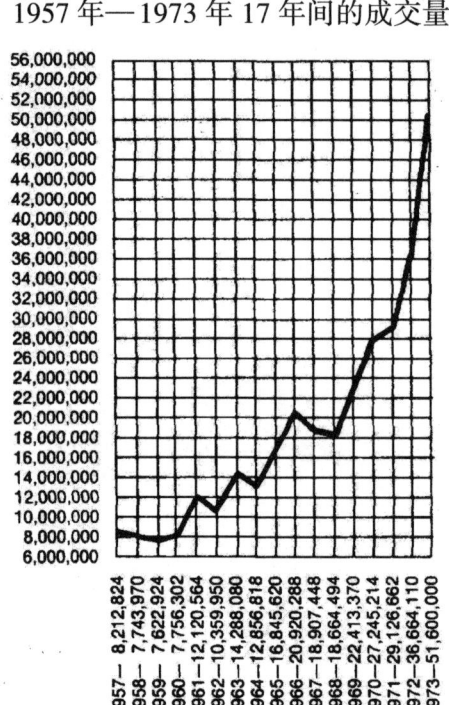

图1

这里是对激动的、快速变化的专业商品交易者世界的详细介绍。他所交易的市场,财富可以在一夜之间得到,也可以在一夜之间失去。在这个市场上,一个人可以用4000美元买卖价值14万美元的商品期货,所使用的保证金是市场总价值的2.9%。

## 前 言

本书会告诉你有关聚会、会议、越洋电报和电话会议的一手资料，这些都是专业交易者比较隐秘的动向。他们一般采用什么样的特定原则、指导方针？如何利用计量分析和市场建议？如何截断亏损，让利润奔跑？究竟怎么做，不能光说不练。学习如何避免过度交易，同时还要做到当大行情结束兑现利润时，所持仓位是足够大的。

错误、误算、判断失误……还有很多都要被坦率地讨论、分析和评论。成功的专业交易者用更多的精力分析失败的交易，而不是成功的交易。

一些同行建议我写一本揭露商品交易的书——这样的书似乎很流行。我也确实阅读了一些揭露华尔街的书，发现大多是娱乐性质的，对交易帮助不大。甚至有人建议我要写得性感和刺激——这是成功的华尔街书籍的两个基本要素。

这本书确实揭露了一点东西。我希望揭露如何成功地盈利交易；在亏钱的时候亏得少，赚钱的时候赚得多。

如果性感和刺激是书的卖点，本书也许可以成为畅销书。你是否试过做多10万蒲式耳大豆，或20份白银合约（20万盎司），此时市场急剧上涨——甚至还来几个涨停？够性感和刺激吧？看来任何事都是相关的。

任何一本声称要解决特定金融市场复杂性的书，都必须假定它的读者已经熟悉这个话题。至少读者要熟悉适用于大多数金融市场的常用术语。

如果你有交易经验——股票、债券或日常交易，你就可以比较轻松地阅读本书。如果你只是想速读，那么你可以看看目录和附录以便找到你的兴趣所在。一旦你想深入研究这个话题，你应该先看看我以前写的书。

我记得年轻的时候得到一本关于提高棒球成绩的小册子。当我阅读前面的介绍时，我很失望，我根本看不到作者的成绩。即使在那个年龄，对我来说，一本讲棒球的书应该在开篇说明作者的成绩。我再也没有听说过那个作者，因为我知道他根本不会拿棒子，更不用说击中球了。

大约30年过去了，我还是这么想。人们应该先知道你的"棒球平均成绩"，才会认真看你"如何打棒球"的书。既然这是一本讲"如何交易"的书，你不必到处找我的交易记录。表1就是：

**表1：1971年7月—1974年1月管理的客户账户总结**

| 开始日期 | 客户 | 投入的资金 | 现在的资金 | 取现额 | 总资金 | 增值（贬值） | 年化收益率（%） |
|---|---|---|---|---|---|---|---|
| 07-11-71 | 商品管理服务公司 | $18 000 | $730 789 | — | $730 789 | $712 789 | 1 634 |
| 11-22-71 | #1 | 17 460 | 87 444 | 40 445 | 127 889 | 110 429 | 292 |
| 11-22-71 | #2 | 10 000 | — | 72 176 | 72 176 | 62 176 | 310 |
| 11-30-71 | #3 | 51 000 | 77 934 | 42 000 | 119 934 | 68 934 | 62 |
| 12-01-71 | #4 | 11 990 | 57 561 | 11 988 | 69 549 | 57 559 | 221 |
| 12-01-71 | #5 | 5 000 | — | 17 155 | 17 155 | 12 155 | 153 |
| 12-09-71 | #6 | 35 000 | — | 93 604 | 93 604 | 58 604 | 105 |
| 12-20-71 | #7 | 25 000 | 22 770 | 47 538 | 70 308 | 45 308 | 84 |

续表1：

| | | | | | | | |
|---|---|---|---|---|---|---|---|
| 01-21-72 | #8 | 16 735 | — | 93 080 | 93 080 | 76 345 | 304 |
| 04-05-72 | #9 | 5 000 | — | 13 635 | 13 635 | 8 635 | 187 |
| 04-12-72 | #10 | 21 000 | 18 677 | 20 432 | 39 019 | 18 109 | 49 |
| 04-12-72 | #11 | 2 565 | 90 693 | 22 500 | 113 191 | 110 626 | 2 474 |
| 05-03-72 | #12 | 7 500 | — | 21 265 | 21 265 | 13 765 | 366 |
| 05-18-72 | #13 | 25 000 | — | 46 400 | 46 400 | 21 400 | 102 |
| 08-16-72 | #14 | 20 000 | — | 24 908 | 24 908 | 4 908 | 72 |
| 08-23-72 | #15 | 17 832 | — | 21 844 | 21 844 | 4 012 | 20 |
| 09-13-72 | #16 | 20 000 | — | 38 914 | 38 914 | 18 914 | 225 |
| 09-13-72 | #17 | 15 000 | 137 312 | 4 900 | 142 212 | 127 212 | 630 |
| 10-18-72 | #18 | 19 297 | 48 285 | 18 700 | 66 985 | 47 688 | 197 |
| 11-01-72 | #19 | 30 000 | 91 185 | 22 700 | 113 885 | 83 885 | 239 |
| 11-01-72 | #20 | 15 000 | — | 43 389 | 43 389 | 28 389 | 567 |
| 11-01-72 | #21 | 20 000 | — | 91 477 | 91 477 | 71 477 | 428 |
| 12-03-72 | #22 | 10 000 | 71 307 | 24 500 | 95 807 | 85 807 | 792 |
| 12-23-72 | #23 | 10 500 | 33 283 | 13 000 | 46 283 | 35 783 | 314 |
| 01-14-73 | #24 | 10 000 | 6 060 | 12 000 | 18 060 | 8 060 | 76 |
| 01-24-73 | #25 | 6 000 | 5 636 | 13 900 | 19 536 | 13 536 | 213 |
| 02-23-73 | #26 | 10 000 | — | 9 839 | 9 839 | (161) | (1.6) |
| 02-23-73 | #27 | 25 000 | 111 611 | 17 000 | 128 600 | 103 611 | 448 |
| 03-02-73 | #28 | 10 000 | — | 20 302 | 20 302 | 10 302 | 206 |
| 03-02-73 | #29 | 7 500 | 5 921 | 19 000 | 24 921 | 17 421 | 277 |
| 03-15-72 | #30 | 30 000 | 147 933 | — | 147 933 | 117 933 | 479 |
| 04-10-73 | #31 | 5 000 | 24 223 | 4 500 | 28 723 | 23 723 | 629 |
| 05-03-73 | #32 | 30 000 | 60 456 | — | 60 465 | 30 465 | 152 |
| 05-16-73 | #33 | 15 000 | 7 744 | 12 896 | 20 640 | 5 640 | 56 |
| 05-17-73 | #34 | 10 000 | 19 498 | — | 19 498 | 9 498 | 141 |

续表2：

| | | | | | | | |
|---|---|---|---|---|---|---|---|
| 05-18-73 | #35 | 40 000 | 71 453 | — | 71 453 | 31 453 | 117 |
| 06-20-73 | #36 | 22 000 | 56 186 | — | 56 186 | 34 186 | 265 |
| 06-20-73 | #37 | 5 000 | — | 5 394 | 5 394 | 394 | 19 |
| 09-10-73 | #38 | 10 000 | — | 39 787 | 39 787 | 29 787 | 891 |
| 总　计 | | | $664 379 | $1 983 970 | $1 001 168 | $2 985 138 | $2 320 795 |

它涵盖了1971年7月—1974年1月——这是华尔街波动最剧烈、最艰难的两年半。它总结了我管理的39个客户账户的情况，其中一个是我自己的商品管理服务公司。这些账户是从我自己的账户里随意选出来的。

最后一行写着，从1971年7月开始，我把664 379美元变成了2 985 138美元，其中有1 001 168美元被提现了。

它并没有表明中间的头痛、心痛、胃痛、挫折、焦虑、不确定、狂喜、胜利和惨败。但我会在本书后面告诉你这些经历。

# 目　录

第1章　你下一步做什么？ ……………………………………… 1

第2章　客观的评论 …………………………………………… 5

第3章　这就是生活 …………………………………………… 19

第4章　本书最重要的一章 …………………………………… 29

第5章　铜——我们如何赚到100万 ………………………… 39

第6章　杰西·利弗莫尔，为你而写 ………………………… 47

第7章　继续讲铜——成功了！ ……………………………… 51

第8章　如果你认为可可危险，就试试铂 …………………… 57

第9章　高买，低卖。"我们为什么总是亏钱？" …………… 63

第10章　投机者卖出白银；谁在买入，为什么要买入？ … 69

第11章　我们只计算一份合约——我们会亏多少？ ……… 75

第12章　比知道何时交易更重要的是什么？ ……………… 79

第13章　诚恳的建议："帮我们买2000份铂" …………… 89

第14章　交易铂的人赚了 …………………………… 95

第15章　经纪人"指导"你——但是谁
　　　　"指导"经纪人？ ………………………… 101

第16章　轻轻地进入我的办公室旁观 ……………… 111

第17章　海上的胜利，或者在维尔京群岛
　　　　帆船上的"交易" ………………………… 135

第18章　跌得飞快，我们如何在白银市场
快速亏掉100万美元，然后又赚回，很有意思……… 153

后　记 ………………………………………………… 171

附　录 ………………………………………………… 177

# 第1章
# 你下一步做什么？

如果你在一年半的时间就把35万美元增值到90万美元，你下一步做什么？你很快拿出15万美元做空小麦和白糖。这就是下一步要做的事！

接下来的几天，你的状态是沉思、责怪自己、埋怨老婆、暴饮暴食和睡眠不足。

**电话通话：**

"一切都很糟糕。我是说，市场总是与我们作对……真不可思议。我该怎么办？我紧张无比，懊恼不已，这就是我现在的状态。"

"白糖涨了 18 点，上周下跌时所有看跌的人现在都看涨了。每次白糖上涨，巴西就要涨价；每次白糖下跌，巴西就要降价。每次投机者都被套住了。"

"我认为非常适合做空白糖，还有，只有我一个人这么想。如果不跌几百个点，投机者是不会看跌的。"

"还记得上周我们把棉花的多头仓位平掉后赚了很多利润吗？今天又创了新高。不，我没有做空——还好——但是它从我们平仓的价位开始又涨了 50 点。平仓时机不对啊！还有铜——刚刚开始上涨——结果本周又创了新低。"

"好，让我们想想，还有什么不对的地方？哦，对了，我们的白银多头仓位今天跌了 200 点；小麦很强——涨了差不多 2 美分。我当然是做空小麦的，你怎么想？"

"市场就是这样。至少我们有足够的保证金，所以我不会采取任何平仓动作——除非我想平仓。实际上，今天上午我在上涨时做空了一点小麦，但是我对仓位不抱太大希望——我以为很快就可以回补。还有铜……如果下午还创新低，我就再买一些……我将持续买入更多的铜。它还在上涨。"

"对于这种情况，我们只能坐等。有时候我们要吃点药。我们有好日子，也有坏日子，现在是坏日子……但只有坐等才能赚钱——赚大钱。"

其间，客户慢慢地清醒过来，意识到事实上他们在做空两个不堪提及的商品——而且两个都在涨（他们以为会跌）。他们开始

## 第1章
### 你下一步做什么？

打电话。过去一个月打一次电话，现在没几天就打一次电话。他们会谈什么？他们问我的感觉，有什么新东西？白银和大豆如何？（他们从来不谈那两个不堪提及的空头仓位。）甚至他们会讨论政治、体育和天气。你相信吗？竟然还有天气？

几天的自我怀疑和烦躁抑郁之后，你要采取必须采取的行动。平掉那些不堪提及的仓位，接受很大的损失，然后重新开始。这就需要包括：图表、统计数据、清醒的头脑、乐观自信的态度，还要对你在市场上的对错进行客观的评论。

# 第 2 章
# 客观的评论……

## 一、评论我们正确的交易

1971年11月—1972年5月的7个月内,我们把交易资金翻了一倍多,这段时间是赚钱的。对这一阶段的评论会反映一些有趣的模式。

我们最赚钱最成功的交易是白银。成功的原因在于以下几点:

1. 我们很快就发现1971年11月—12月新的上涨趋势正在形成,在此期间的大部分时间,我们一直跟踪大趋势,建立并保持了多头仓位。

2. 我们顺着大趋势(上涨)并逆着小趋势交易,在小的下跌处买入。如1971年12月10美分的回调、1972年1月7美分的回调和2月12美分的下跌——大部分投机者以为这是下跌姿态，都在卖出。然而，我们根据以下原则平掉了部分多头仓位：（1）市场已经完成上涨的目标；（2）小趋势变成上涨；（3）价格已经"钻入"上面可怕的阻力区。总之，市场的主基调大多是上涨的。

3. 我们绝对拒绝所有的诱惑，这些（有很多）诱惑主导着大众的情绪；也就是说，我们不会在上涨时买入，不会在下跌时卖出（图2）。

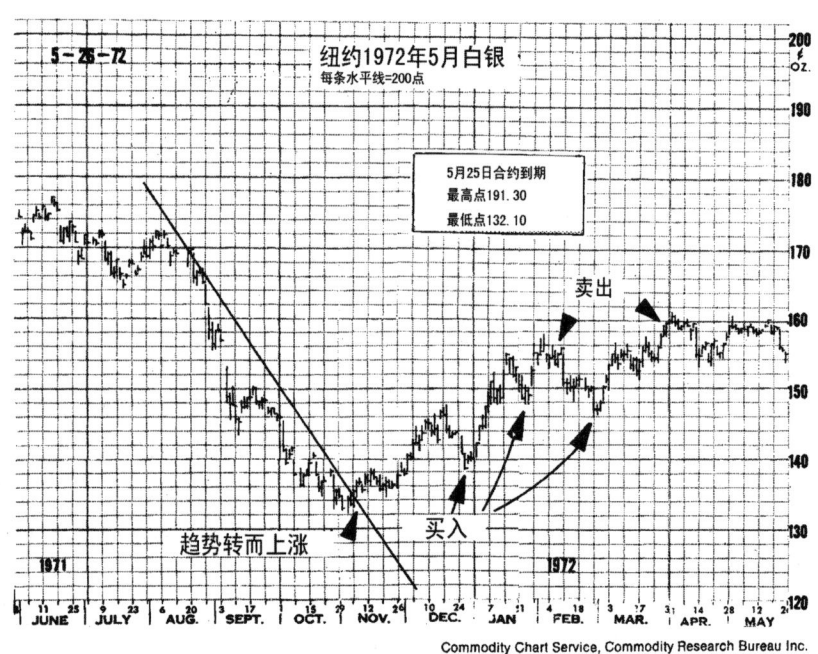

图2

另一笔成功的交易是我们从1971年12月到1972年2月的可

可可战役。1972年2月8日上午,我们在25.30附近卖出的5月期货合约量达到峰值。实际上,备受推崇的商品新闻服务公司的"报价机"在那天上午告诉大众,有一家大型的交易公司在开盘时大量卖出可可,导致市场停牌(那就是我们干的)。

我们在白银上之所以赚钱,是因为白银市场1971年11月、12月市场在21.00附近是三重底,正在形成大趋势(上涨)中,我们抓住了这个上涨趋势。我们在回调到支撑处不停地买入。所有仓位在2月8日都平掉了,因为:

1. 市场已经到达我们的中期目标。

2. 市场的主要情绪已经变成了绝对看涨,小趋势已经上涨(记住,我们努力顺着大趋势,逆着小趋势)。

3. 价格碰到了26.00附近的主要阻力区,我们感觉进一步上涨之前要进行基本的价格修正。

说一下可可战役的趣事:我们最初在12月21日买入5月可可合约,价格大致是21.40。当时,我们预测市场会暂时跌到20.50,但不会破坏我们的上涨预期。如果真的回调到这个水平,我们会加倍增加5月的多头仓位。市场果真在12月30日回调到20.40,但我们没有多买——我们很不专业地退缩了,投机者们由于价格下跌而普遍看跌。我们本应该坚持原来的策略,我们下决心以后就这么做(图3)。

在这期间,我们有3笔不赚不亏的交易,分别是活牛、棉花和铜。当小趋势上涨到阻力区时,我们做空了活牛和棉花。这两个

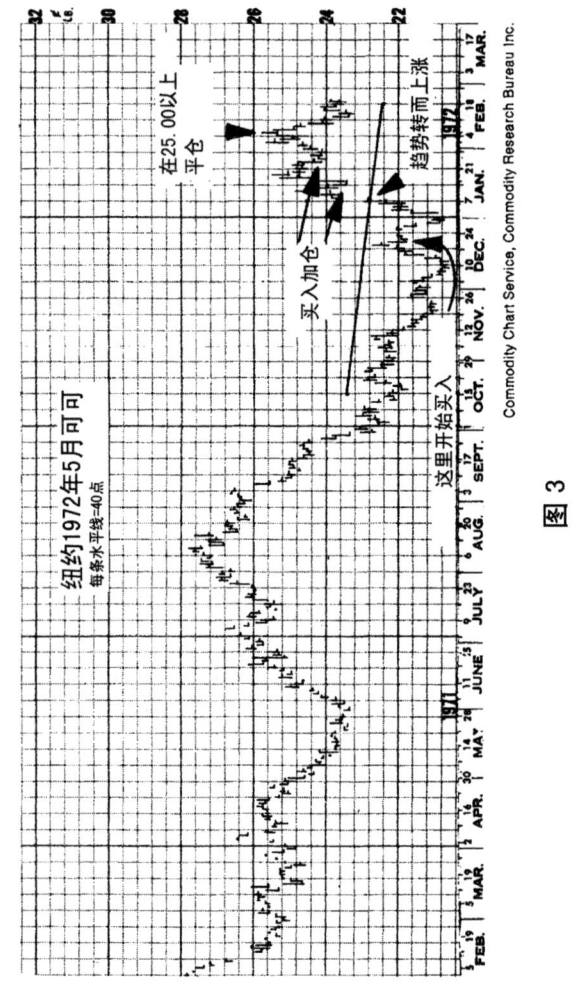

图 3

市场最终都成了大牛市,我们采用限价单在不亏损的前提下止损了。这几笔交易我们都没有亏损。原因就在于,我们在小反弹到阻力区时开始做空的(在上涨趋势的市场做空按理说是要亏损的)。如果我们根据传统的图表分析,在下跌时大部分投机者看空

## 第 2 章
### 客观的评论……

的情况下做空，我们的亏损可能更大。

一想到1972年初铜的战役，我就几乎一身冷汗。这个市场的波动太剧烈了，我们一开始是成功的狂喜，然后是吃惊（不，是恐惧），最后才是放松。事情是这样的：

最初是狂喜。1972年1月，铜市场看起来值得买入。铜在过去两年一直下跌，价格从每磅77.00跌到每磅45.00，5月合约在11月跌到了46.00，似乎已经跌到了尽头。价格下跌到主要的下跌目标之下，在回调时市场转强，形成宽幅的买入支撑。而且46.00这个价位正好还是超级坚固的长期支撑区。

随后，市场从底部46.00上涨到50.00，又回调了50%，跌到48.00。在这个过程中，我们积累了大约150份多头合约。我们期待更高的价格，所以当市场上涨到51.60，我们并不感到奇怪。我们都在期待更多的利润，结果却没有看出市场在51.50出现了趋势的反转。

随后是惊讶。不，是恐惧。你是否想过持有150份铜的多头合约连续吃2个跌停是什么感觉？你亏损的钱可以买5辆劳斯莱斯，或者买150万只价值10美分的棒棒糖。总之，我们在48小时内看到价值15万美元的换手（错误的方向）。这难道不恐怖吗？

最后是放松。屠杀多头以后，我们还（非常）牢牢地坐着，此时5月合约的价格跌到了47.70，我们想等一个反弹后就平仓。市场的崩溃显然动摇了信心不足的多头，多头无法积聚力量。四五天后，市场反弹到50.00时，我们把150份合约都平掉了。为了防止一级灾难的发生，我们最终平仓了，还有一点点利润。这是因为：

1. 我们是在小趋势回调到支撑区，也就是逆着下跌的小趋势开始建仓做多的。

2. 市场屠杀时持仓不动。

3. 当50%的反弹碰到阻力区时平掉所有的多头仓位（图4）。

曾几何时，每个交易者都想复制以前的价格。不幸的是，这种事只会发生在想象中。也许最有价值的就是这种机会，我们可以根据市场形势的真实演变，审视一个人对过去战役的思想和市场行为的细节。让我们回到10个月前的1972年2月，我在笔记本上写下了即将到来的大豆战役的注意点：

在大豆上，我意识到很有把握的潜在牛市。当1972年1月12日市场回调到3.14~3.18的支撑区时，我们开始在3.17买入5月多头合约。然后我们连续在3.19、3.21和3.24买入更多的5月合约。最后一笔买入不是很有把握。我们（过早地）预计市场收盘在3.25~3.26以上，这样就可以确认要上涨了（但没有发生），我们和大众一样是顺着小趋势（上涨）买入的（这些都不是我们想做的事）。

我们在3.22~3.24之间兑现了部分利润，在回调到3.20时再次买入（这次买入更多）。这太对了，因为当大趋势横盘震荡下跌时，我们应该在反弹到上面的阻力区兑现部分利润。随后，我们在 $3.18\frac{7}{8}$ 下了一个止损单，平掉1/4的多头仓位，这是一个保护性的

# 第2章
客观的评论……

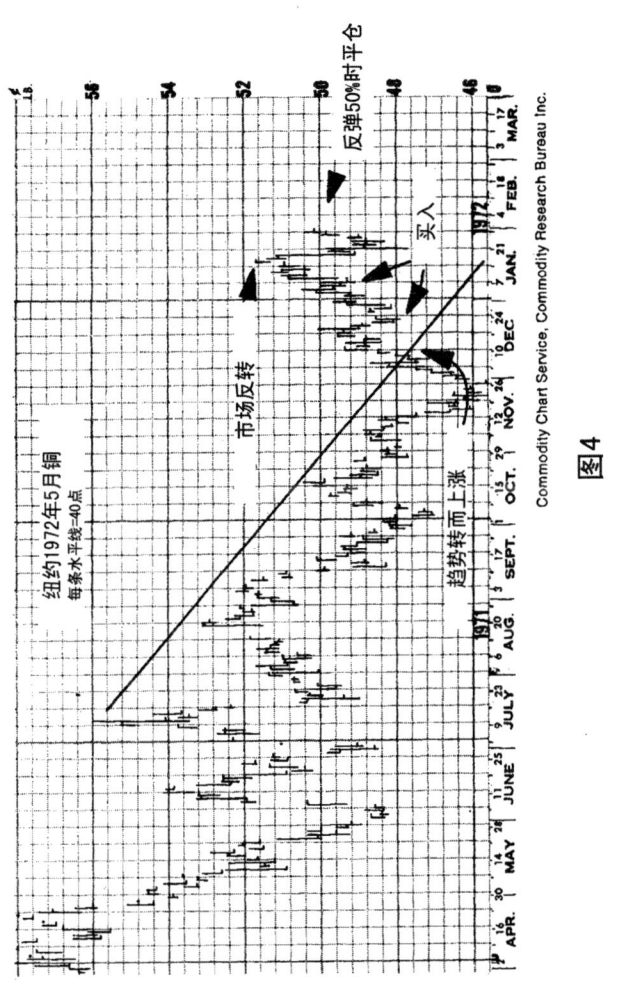

图4

措施。如果我们没在3.24买入5月合约，这个措施就没有必要。

现在，我们预测大豆会达到更高的价格。我们的基本策略是持有多头仓位，顺着大趋势（上涨），逆着小趋势。更具体地说，我们在等待大趋势变成上涨（我们期待的很快就要发生），然后仅在小回调时加仓做多。只要大趋势是上涨的，并且我们的仓位有利润，那么最后我们将会积累大量的多头仓位。

这是我在1972年2月写的大豆市场笔记。大概10个月后的12月，让我们看看实际情况如何。

当市场转为强烈上涨时（收盘价在3.26以上），我们持有了大量的5月大豆多头仓位。到了2月28日这周，我们在3.34～3.36之间全部平仓。我们很高兴，因为：

1. 我们在两个月内就翻了一倍多。

2. 我们的中期目标是3.35，市场已经到了这个价位，进入到3.35～3.40之间的阻力区。

3. 我们预测会有一个回调，至少跌到3.30，然后我们再买入，并且比以前卖掉的更多。

我们平仓以后，大豆市场在10个月内不停地涨、涨、涨——不可思议地涨到了4.40。我们实际挣到了15美分的利润，却难以置信地看着市场又涨了105美分/蒲式耳。

这里的教训是：如果你确实想通过交易商品赚钱（这是交易的唯一原因），无论抢帽子交易看起来是多么迷人，都不要做。你应该认为你的每个重要仓位都会继续形成大行情，并且计划好相应的交易策略。当然，如果趋势对你不利，就要快速平仓；但如果市场对你有利，就不要急着平仓。记住，大趋势总是跑得比你

# 第2章
客观的评论……

想象的更远（图5）。

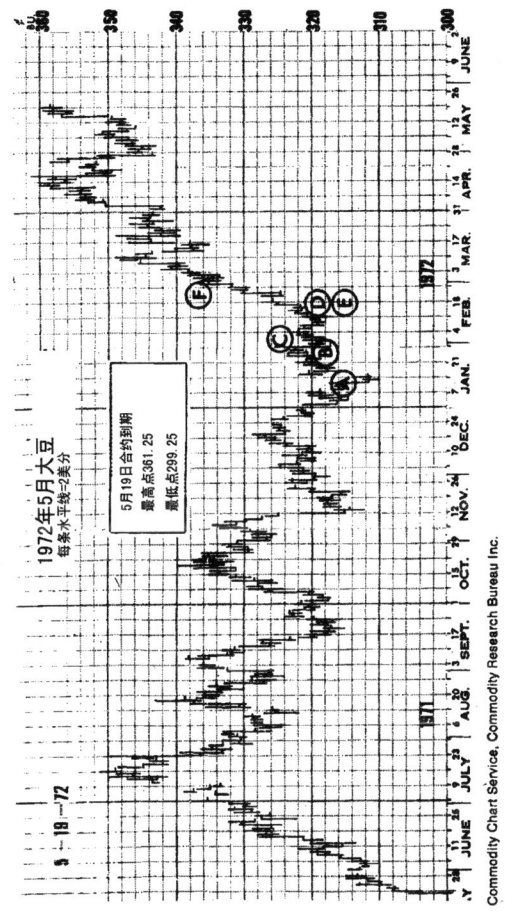

A 在3.17买入大豆。
B 在3.19、3.21和3.24买入加仓。
C 在3.22~3.24之间平仓1/3。
D 在3.20买入之前平仓数量的1.5倍。
E 在3.18平掉多头仓位的1/4。
F 在3.34~3.36之间全部平仓。

图5

## 二、评论我们错误的交易

我们在1972年的大牛市中做空白糖和棉花——我们就错在这里！错过了两个牛市（确实不可饶恕），我们陷入交易初学者典型的不应有的失误：过早看跌。如果你过早看跌会怎样？（当然是在牛市中）。你过早做空。结果可以预测，你过早地被套，你意外地变穷了。下面就是我们的经历：

白糖就是全景分析器。1973年3月白糖合约从1971年11月的5.00美分开始上涨，一直涨到1972年3月的9.00美分。华尔街有个古老的格言："任何上涨市场都孕育了最终的反转"，白糖市场也不例外。从3月的最高点开始，白糖市场跌了4个多月，回到了5.50美分。在1972年8月初到9月的第1周，白糖价格就像过山车一样，又从5.50美分上涨到8.50美分。一个大的斜向的震荡区间形成了，形状是一个大的对称三角形，上升的底部分别在A、B、C点，下跌的顶部在D、E、F点（见图6）。

我们以明确的熊市思维把这个巨大的斜三角形看成一个顶部。我们在10月中旬以7.70美分左右的价格大量做空3月合约，当市场回调到7.00美分的支撑区时，我们在7.20分以下平掉了一半仓位。当第二次反弹到7.80美分时，我们再次做空，数量就是之前平掉的数量。目前一切都不错，但不会长期如此。价格冲破了

## 第 2 章
### 客观的评论……

7.80 美分的阻力位，这应该是暗示我们（也许）仍是一个牛市。12 月 1 日，市场果断地涨到 8.15 美分以上，明显突破了 3 个月的三角形（我们当时还在 7.70 美分做空），以令人瞩目的 8.24 美分收盘。

毫无疑问，我们错了——我们在强大的牛市中大量做空——我们在当天收盘时应该全部回补。

对于被套的商品交易者来说，希望常在。我们决定（现在还后悔）不在 8.24 美分的收盘价回补，我们等它再次回调，跌到 7.80 美分附近再回补。

故事的结尾是：市场继续上涨，一直涨到 10.12 美分，一路没有任何明显的阻力。在这个过程中，我们损失了空头仓位和接近 7 万美元的交易资金。

19 世纪著名的棉花交易者迪克森·G·华茨曾经说过："要快跑，否则就挺住。"我们应该快跑：

——当市场穿过 7.80 美分这个之前的高点和下跌趋势线时，这是第一个"危险信号"，我们至少应该回补一半的仓位；

——12 月 1 日，当价格爆炸式地穿过 8.15 美分，并在 8.24 分收盘时，任何空头仓位都应该以收盘价回补。（图 6）

我们在小麦上完全失败，正好可以证明我们在白糖大牛市中的失败不仅仅是个小事故。我们在第二大的小麦历史性大牛市中又愚蠢地故伎重演。

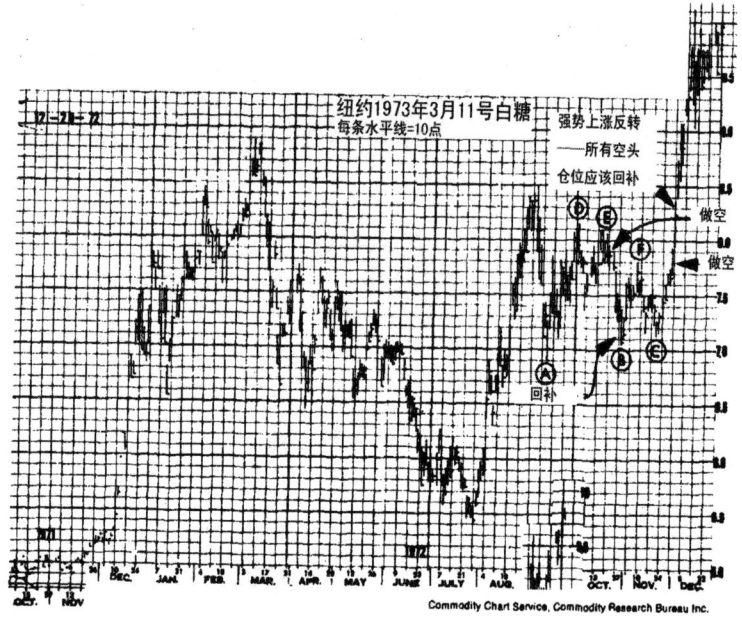

**图6**

1972年6月下旬到9月中旬，芝加哥小麦市场从1.50美元涨到2.32美元。多么大的行情啊！巨大的成交量，持仓量翻倍，最后都说是中国和苏联在买小麦。当市场下跌到2.10美元，反弹到2.27美元的顶部附近，然后又回调到2.17美元时，我认为市场在做头，决定随着下次反弹开始做空，因为：

1. 市场涨到2.32美元，超过了我的上涨预测，正好也碰到长期的大阻力区。

2. 市场好像充满了多头消息才导致牛市，譬如：中国和苏联大笔买入小麦，这些消息应该被市场消化吸收了。

3. 大众过分看涨（显示有78%的人看涨），持仓量从最初的5000万蒲式耳增加到后来的1亿蒲式耳。我认为这正说明市场极度脆弱。

4. 最近的横盘震荡看起来是在顶部派发筹码，我认为这个区间的反弹是绝佳的做空机会。

因此，我在2.23~2.24美元之间做空40万蒲式耳的3月合约。

谈谈时机吧！第二天市场开始了为期6周的反弹，直接把价格拉升到$2.73\frac{1}{4}$美元。

实际上，我有两个很好的机会回补空头仓位，亏损应该很少：市场在11月15日收盘于$2.33\frac{1}{2}$美元（合约的最高价），然后在11月21日回调到$2.28\frac{1}{4}$美元。有趣的说明是：我决定在2.30美元以下任意价格回补，但是当价格真的跌到了$2.28\frac{1}{4}$美元，我又变得贪婪了，准备等再跌2美分后再回补。结果我永远没等到。

多么愚蠢啊！最终我在2.44美元回补了部分仓位，又在2.54美元回补了一些仓位，一直无望地希望市场回调，给我机会回补。最后6万蒲式耳小麦是在2.70美元回补的（痛心啊！），一直都在亏损。

我们总是在说什么来着，截断亏损，让利润奔跑！（图7）

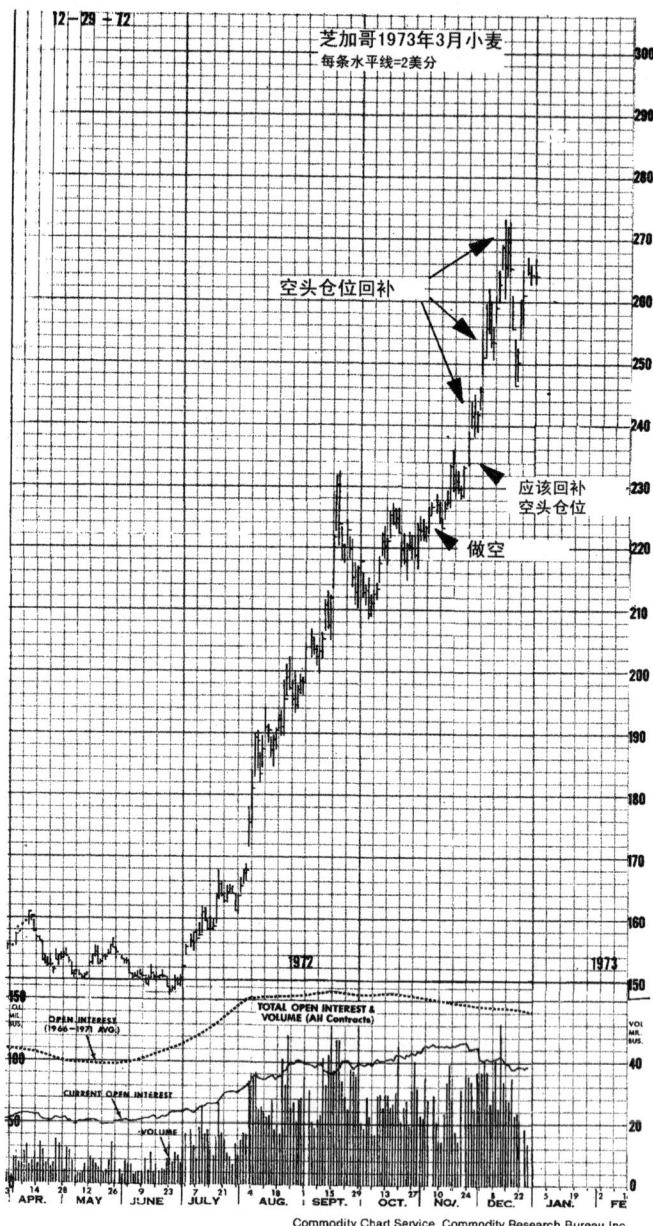

图7

# 第 3 章
# 这就是生活

下面是我和自由金融作家 Q 的对话：

Q：在分析商品市场时，究竟是应该用基本面分析，还是用技术分析，这是个长期争论的问题。你是基本派，还是技术派？

斯坦利·克罗：嗯，我也研究基本面，除了各种新闻动向和经济报告，我还经常和交易者讨论交易，但是，在市场上交易只用基本面是不行的。

Q：我经常想，究竟有多少人只用基本面分析。他们在市场中如何交易？

斯坦利·克罗：我也想见见哪些只靠基本面赚钱的人。有时候，他们说他们只用基本面，但是如果你观察他们的操作，你会发现他们也关注价格的运动——只是"图表"在他们的思想里。我认为精明而有耐心的技术派往往会超过基本派,因为技术派的时机一定比较准确。他可以灵活交易,快速进出,持仓小而准确。技术派的风险是,他想准确地找到大行情的价位,但可能永远也找不到有意义的价位——这是他要预防的。

上午11:10(芝加哥经纪人的通话):"用市价买入15份4月活牛合约并买入15份6月活牛合约。是的,没错,我要用市价买入30份活牛合约。"

Q:你为什么这么做?你为什么只买活牛?我们只是坐在这里谈话,什么原因让你决定买的?

斯坦利·克罗:我买活牛的原因很多。首先,过去几天,我基本上认为活牛市场会上涨,我正试图逐步积累大量的多头仓位。

其次,最近市场连续下跌了300点,跌到47.00左右,这是一个很好的支撑区。我预测它还要跌,也许是100点,我将在那里买入。这么做,是因为我预测价格会上涨。

再次,玉米和大豆过去是弱势,现在都开始上涨了。活牛的价格在很大程度上取决于饲料的价格,近期的饲料都不弱,所以我想活牛的价格会随着谷物上涨。

Q:嗯,这听起来很不错。希望你是对的。但是你看,我们坐在这里谈论,你看起来很平静、放松,整个办公室都很安静。我从没见过这样的经纪公司。你非常忙,我知道。你为何要这么低调,是如何做到的?

斯坦利·克罗:嗯,我这么做,只有一个简单的原因:这样最有效率。我头脑清醒，不会分心，可以聚精会神。这种工作要求你必须全神贯注。

Q：好的，但你究竟是如何操作的？你可以大致谈谈吗？

斯坦利·克罗：可以。我的操作基本上很简单——出人意料的简单。其实，当我早上9：15分到达办公室，我大部分日常工作就已经完成了。

Q：我同意那很简单，但没那么简单。

斯坦利·克罗：对，没那么简单。我每天收盘后就把大部分工作做完。从3点开始，我看图表，打电话给场内和一些交易公司，重新阅读一下今天的电报和新报价，大致构想一下我在不同市场的思路。

这些都完成以后，我会用心填写我几年前做的一个特殊表格。（看图8）

填写这个表格对我的分析施加了纪律——它迫使我客观、理性地去确认每个商品的关键技术因素：

1. 趋势（大趋势和小趋势）

2. 支撑区（大支撑和小支撑）

3. 阻力区（大阻力和小阻力）

4. 震荡区间或趋势通道

5. 目标价格（大目标和小目标）

6. 一般注解或注意事项

然后我开始行动。

| 商品 | 趋势 | | 支撑 | | 阻力 | | 震荡区间 | | 价格目标 | | 评论 | 行动 |
|---|---|---|---|---|---|---|---|---|---|---|---|---|
| | 大趋势 | 小趋势 | 大趋势 | 小趋势 | 大趋势 | 小趋势 | 大趋势 | 小趋势 | 大趋势 | 小趋势 | | |
| 5月可可 | ↑ | ↑ | 4500 | 5100 | 6100<br>6300 | 5450<br>5550 | 60 | 50 | 70.00 | 60.00 | 有力的上涨 | 5000~5200之间买入 |
| 铂 | | | | | | | | | | | 市场太薄——易波动 | 观望 |
| 5月白银 | ↑ | ↑ | 280<br>290 | 3.10 | 5.50<br>6.00 | 340<br>360 | ? | ? | 5.60 | 3.60 | 有力的上涨 | 持有多头仓位,在3.50卖掉一半,持有剩下来的 |
| 5月白糖 | ↑ | ↑ | 10.00<br>10.50 | 11.50 | 18.00 | 12.50 | ? | ? | 18.00 | 13.00 | 有力的上涨,很危险 | 观望,回调到10.50买入 |
| 9月铜 | ↑ | ↑ | 70.00 | 75.00 | 95.00<br>100.00 | 80.00 | 8000 | 7500 | 9500<br>100.00 | 80.00<br>8500 | 已经投资,我们买的便宜 | 在目前买7500买入,如果收盘在8000以上则买入更多,持有,止损是4分钱 |
| 4月活牛(芝加哥商品交易所) | ↑ | ↑ | 4500<br>4600 | 48.00 | 5500<br>5700 | 53.00 | 5000 | 4000 | 5600<br>5800 | 53.00 | 收盘在50以上就看涨 | 持有多头仓位,收盘在50以上就买入点,在55卖出。 |

图8

# 第3章
## 这就是生活

续表：

| | | | | | | | | | | | |
|---|---|---|---|---|---|---|---|---|---|---|---|
| 5月玉米 | ↑ | 250 | 270 | 300<br>310 | 280 | 280 | 270 | 300<br>310 | 285 | 收盘在280以上就看涨 | 持有多头仓位,收盘在280以上卖多头,在300~300之间卖掉一半仓位。 |
| 5月猪肉 | ↓ | 4500<br>5000 | 60.00 | 7000<br>7200 | 6100<br>6500 | 6600 | 5900 | 4700 | 5500 | 收盘在2700以上就上涨 | 在6500做空,止损设置在6700,回补一半。 |
| 土豆 | | | | | | | | | | 市场波动太剧烈了 | 观望 |
| 大豆 | ↑ | 540<br>560 | 590<br>600 | 750<br>800 | 650 | 650 | 580 | 750<br>800 | 650 | 收盘在655以上就上涨 | 在600买入,收盘在655以上则多头,止损设置为20分钱 |
| 小麦 | | | | | | | | | | 看起来是上涨的,但风险太大,不能交易 | 观望 |

图 8

The Professional | 职业期货交易者 |
Commodity Trader

Q：我能看看你正在用的表格吗？哦，我看到了它的样子。但是，你是否担心如果很多人开始用这么好的方法，会不会毁了你的系统。

斯坦利·克罗：根本不会。首先，这不是一个"系统"，只是一个超级有用的工具。成功的交易仍然需要依靠某个东西做精准的最终决定，买卖什么，何时买卖。其次，我知道不是所有人都会用这个方法。商品交易者都很自我，每个人都认为自己的特殊方法才是唯一的好方法。

Q：这很有意思。但肯定不合逻辑。

斯坦利·克罗：确实如此。

Q：你看，我想我们有了共同点，我想继续谈下去。现在是下午了，你已经看了图表，打了电话，也给我看了你的表格。下一步呢？

斯坦利·克罗：嗯，现在我有了买卖的大体思路，或者是对自己持有的仓位有了思路。我现在密切关注我跟踪的每个市场。当收盘以后，没有报价了，电话也不响了，此时分析市场是多么清晰、客观啊！我喜欢持有和大趋势一致的仓位——如果我想加仓，我喜欢逆着小趋势加仓。

Q：你能不能讲具体点？是否可以举个例子？

斯坦利·克罗：我知道你就会这样问。可以。从1971年12月开始，白银的大趋势就是上涨，大部分时间我都在做多。没错，价格疯狂地波动，忽上忽下，但做多可以赚到大部分钱，也就是说，那些忽略短期波动并用心持有顺着大趋势仓位的交易者他们确实赚到了大钱。

确认大趋势只是完成了一半的工作，因为波动幅度太大，即使你做多，如果时机不对，也会被套牢。所以，在过去的一两年，我一直聚精会神地做多，在小回调时加仓，也就是在小趋势下跌时加仓。我的理由是：如果大趋势是上涨的，它就会持续一段时间，因此，在走弱时买入，再等大趋势恢复上涨。

Q：你确实回答了我的问题。我们还是回到最基本的讨论。你说你借助交易卡片做买卖决定。

斯坦利·克罗：是的。如果你想买，那么就要看大趋势是不是上涨的，小趋势是不是下跌的？如果是，市场会回调到哪个最好的支撑？在那个价位我用"限价单"买入（限价单就是用明确的价格报价买入合约）。如果我有兴趣买入，而大趋势是下跌的，那么我必须根据充足的技术考虑，有非常好的理由才会买入。大多数情况下，我都是观望。我可以在其他市场找到合适的趋势，所以何必要从不利于自己的市场开始呢？

Q：如何平仓呢？我在你的图表上看见了很多小注解，譬如："在这里卖"或"很好的支撑，开始买入。"

斯坦利·克罗：我根据传统的技术分析方法规划短期和长期的价格目标。不要问我具体的方法，我们都能学会，你可以阅读《商品期货市场指导》，方法都在里面。如果趋势不强，我就等它走到我的短期目标。然而，如果市场趋势看起来很强，并有其他技术指标（如持仓量和成交量）支持，我就推迟平仓，等待实现大趋势的目标。大趋势下跌时，通常就是一个支撑点；大趋势上涨时，就是一个阻力点。市场大众的心理会形成倾向，让你不愿意平仓。但是，你要拒绝这种倾向。当市场到达你的主要价格目标时，如果你早就决定要平掉一半的仓位，赶快行动！如果你不行动，随后你就会后悔。你也许希望保留一半的仓位，希望别人都找不到顶和底，而你稍后就会找到。没问题，但至少要先平掉一半的仓位。

Q：如果你在交易时遇到你之前没注意的情况，比如交易卡片上没有记录或头天晚上没想到的情况，那会怎样？

斯坦利·克罗：如果发生了意外（这种情况经常发生）我会有反应的。这个意外可能是价格的突然变动，可能是路透社的新闻，或者是电话中谈论的消息或场内流言。

Q：消息？你也会听消息吗？你如何处理消息？

斯坦利·克罗：我总是收到消息。大部分来自我的客户，他们在火车上或鸡尾酒会上听到什么都会告诉我。嗯，我得承认，即使听起来是一个好主意，我也要核实一下。有时候，它会提醒我关注先前忽略的东西。

Q：嗯。能举个例子吗？

斯坦利·克罗：大概6周前，我正坐着看行情时，RH打电话给我，让我看大豆。他听说大豆的出口量和加工量都非常大，应该会上涨。

## 第 3 章
### 这就是生活

Q：哦，你怎么做的？你听了他的消息吗？

斯坦利·克罗：我早就在跟踪大豆，我在寻找买点。也许 RH 的电话可以刺激我去买，但我并没有在那里买入。

Q：这个消息起了作用吗？

斯坦利·克罗：这个消息很好，但我不想抱着这个仓位担惊受怕地过 3 周。得到这个消息时，5 月大豆的价格是 5.60 左右，随后在 5.20～6.50 之间震荡。所以我不会说消息没用，有时还真有用。

Q：我们已经谈了很久了，我看已经收盘了。那么现在你就要"开始"今天的工作了。但是我们还不知道你在完成交易表单以后，在第二天开盘前做些什么。

斯坦利·克罗：当我完成了交易表单，我会仔细检查右边"采取行动"这一项，研究好第二天买卖什么，我能承受的价格是多少。然后我在大单子上填好第二天的买卖指令，并把完整的单子放在我的桌子上。我的秘书每天来的很早，她会把所有的买卖指令告诉相应的经纪人或场内。正如我所说的，当我到达办公室时，我的订单都被执行了，我的日常工作也完成了一半……

Q：……明白了，到了下午 3 点，又开始工作。

斯坦利·克罗：是的，没错。这就是生活。

# 第4章
# 本书最重要的一章

也许这就是本书最重要的一章,真应该用超大字体印刷。把亏损控制在很小。

当我1960年第一次进入商品市场时,我学到的第一课就是:"截断亏损,让利润奔跑"。我总是英明地告诉我的客户和同事,这个非常重要。有趣的是,每个人总是给我同样的免费建议。当然,我发现在所有的交易指导和手册里,这点都是最重要的。

所以,64美元的问题是:如果每个人都给你这个建议并知道它的重要性,那么为何几乎没人做到?我是说,要真正遵守它,而不是空谈。

从1960年开始,我已经和几百位投机者讨论过他们的商品交易。其中大部分人都是持续的输家,很多人输得很惨。最后我都会具体地问:"如果你把所有亏损限制在每个仓位保证金的45%以内,你的最终结果会是怎样?"(如果采用45%的保证金限制,赚钱仓位的利润可以抵消亏钱仓位的亏损并总体赚钱。)

我这个非正式的调查结果并不令人吃惊。在任何时候,必须大力提高赚钱的机会,这样最终结果就是总体赢利的。根据我的亲身经历,我讲一个实际案例。

彭顿公司是我的一个客户,这家公司成立于1969年,注册资本10.5万美元,成立目的就是交易商品。成立9个月后的10月,彭顿停止了交易,它把最初的10.5万美元亏了,还多亏了3万美元。

分析彭顿的交易,就会发现以下这些情况:

赚钱的交易12笔,平均每笔利润是1799美元,

亏钱的交易23笔,平均每笔亏损是6844美元。

这也算交易记录?有趣的是,如果彭顿公司把每个仓位保证金的亏损限制在45%以内,结果就完全不同了:

赚钱的交易12笔,平均每笔利润是1799美元,

亏钱的交易23笔,平均每笔亏损是1340美元。

总体一算,彭顿不会亏13.5万美元,只会亏9232美元。差别太大了!

为了不让你认为这是非专业投机者的失败案例,我再给你看另外一个账户。这是一家有经验的瑞士银行,它有自己的商品交

## 第 4 章
### 本书最重要的一章

易部门。这个账户在 1969 年 2 月开立,第二年 3 月就关闭了。最终结果是亏损了 4.55 万美元。这是对 13 个月交易的总结:

赚钱的交易 3 笔,平均每笔利润 255 美元,

亏钱的交易 11 笔,平均每笔亏损 4156 美元。

我们看看,如果这家银行采取把亏损限制在每个仓位保证金的 45%,那么结果会怎样:

赚钱的交易 3 笔,平均每笔利润 255 美元,

亏钱的交易 11 笔,平均每笔亏损 634 美元。

可以预见将是完全不同的情况:这家银行只会亏损 6719 美元,而不是 4.55 万美元。

如果把我在 1971 年 7 月用 1.8 万美元注册成立的商品管理服务公司和彭顿、这家银行进行对比,结果就很明显。截止到 1972 年 12 月 31 日,经过 18 个月的交易,商品管理服务公司的资金增值到 13 万美元。这是对交易的总结:

已经完成的全部交易　　230 笔

赚钱的交易　　　　　　150 笔

亏钱的交易　　　　　　80 笔

平均每笔利润　　　　　1020 美元

平均每笔亏损　　　　　515 美元

这三个交易故事说明了一定道理。彭顿和银行都想逆着大趋势交易,对于不利仓位不知道限制亏损。相反,过早平掉赚钱仓位,而持有亏钱仓位(为了什么?为了更大的亏损!)。商品管理

服务公司则相反，明显倾向于顺着大趋势交易（65%的交易都是赢利的），遵循缩小亏损并让利润奔跑的原则（平均利润是平均亏损的2倍）。

商品管理服务公司的交易记录在华尔街引起了关注，很多个人和机构都对商品管理服务公司感兴趣。一个人叫亚历克斯的银行家，在欧洲和中东都有投资和商业利益。亚历克斯的银行和附属机构在商品市场交易了40多年，对我们的交易方法有兴趣。他让我用简短（他强调必须是简短）的备忘录说明我们的交易方法。我给他提供的内容如下：

关于建仓

顺着大趋势交易，逆着小趋势交易。譬如，如果大趋势明显是上涨的，就要做多，或观望，满足以下条件时做多：

（1）小趋势已经下跌，

（2）价格跌到支撑区，

（3）和前一次上涨相比，市场已经下跌35%~50%。

如果市场大趋势是明显的下跌，就要做空，或观望，满足以下条件时做空：

（1）小趋势已经上涨，

（2）价格已经涨到上面的阻力区，

（3）和前一次下跌相比，市场已经反弹35%~50%。

关于平仓

| 第4章 |
| 本书最重要的一章 |

（1）有利润的情况。在合理的（图表）价格目标平掉1/3的仓位，如果是做多，这个价格目标就在阻力区；如果是做空，这个价格目标就在支撑区。当长期的（图表）价格目标到了主要的阻力区和支撑区时，再平掉1/3的仓位。用止损单保护剩下来的1/3仓位，用跟踪止损。最终仓位会被止损，但也许利润要比当初想象的多。

（2）亏损的情况。基本上有三种方法

方法1：采用强制"金额"止损，也就是亏损控制在投入保证金的40%~50%。

方法2：采用图表止损，也就是当大趋势对你的仓位不利时平仓——不是小趋势反转时（此时你应该建仓，不是平仓）。

方法3：持有仓位，直到你确认自己错了（大趋势和你相反），然后在第一个技术性修正时平仓。

亚历克斯收到这个备忘录后不久，他建议开个会。表面上是谈交易方法，但主题还是讨论如何缩小亏损，同时不减少利润。（显然，国际银行家也认为这是商品交易的大问题。）出席会议的有亚历克斯、他的交易员珀瑞吉、我的商品分析师斯莱姆和我。过程如下：

斯坦利·克罗：问题不是如何赚大钱。商品期货交易本来就能赚大钱，同理亏损也很大，所以问题是如何避免亏损。一定要用有效的方法和系统把无法避免的亏损控制在最小，否则是不可能赚大钱的。

珀瑞吉：我想我们大部分亏损的原因是，持有亏损仓位的时间太长了，这是我们最大的亏损——是真正毁灭性的。我想当我们建仓时，不论做多还是做空，我们都要提前决定我们愿意亏多少，并在相应的价位止损或平仓。

亚历克斯：这个出场点应该是投入保证金的一个百分比，还是特定的价位？是图表止损，还是计算机系统设定的止损点？

斯莱姆：总体而言，我不同意亏损超过投入保证金的40%～50%。譬如，白银不能超过2000美元，小麦不能超过750美元。如果有效的图表止损点表明大趋势在何处明显反转，并且可以止损，你就应该在那里止损。如果没有合理的图表止损点满足可以接受的亏损极限（保证金的40%～50%），你就应该在亏损达到限额时主动平仓。如果市场表明你过早平仓，你总有时间再进场。

斯坦利·克罗：对于小仓位是没问题的。但是当市场对你不利，威胁到保证金的45%时，你如何平掉大仓位？譬如200份或300份铜的合约？每个人都可以平掉5份或10份合约，但是你如何平掉大仓位？

斯莱姆：你必须还有其他方法控制亏损。

亚历克斯：没错，没错，但平掉大仓位，我们总是持有大仓位，如果要利用图表止损，我们就要买强卖弱。我们在这方面的经验太糟糕了。一定有更好的方法。

斯坦利·克罗：是的，有更好的方法。首先，让我们考虑亏

# 第4章
## 本书最重要的一章

损的交易。我想亏损的原因在于随意或草率建仓,是不是?交易者建立一个大仓位时,是否大多都是以下这些原因?无聊、不想等待、一个消息、一条流言、市场开始波动、害怕错过行情。如果根据以上任何原因交易,我们往往会犯错。

亚历克斯:我认同这个逻辑。这也是我们的经验。但是,我们要更深入地沿着这个思路讨论下去。

斯坦利·克罗:假设我们合理地建仓了,按照我最近提供的备忘录的方法,如果市场立刻开始进入对我们有利的波动,我们应该保证不让利润变成亏损。我是说,如果有了浮动利润(比如

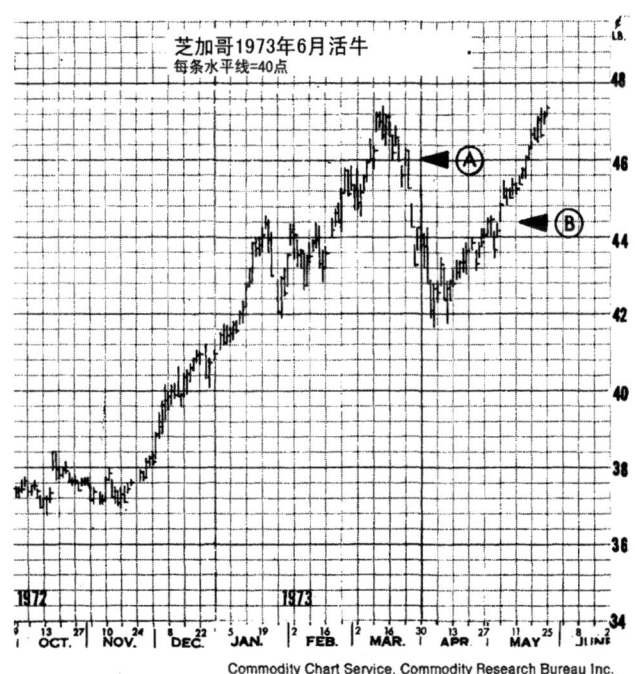

图9

是保证金的50%），我们应该主动用保本止损单。我们曾经见过很多大利润变成了亏损，最终变成大亏损。看看这些图（见图9和图10）。绝对不能让这样的事再发生。

任何在 A 点 46.00 以下缺口做空 6 月活牛的仓位，应该在 B 点 44.00 ~ 45.00 之间用保护性的止损单回补。

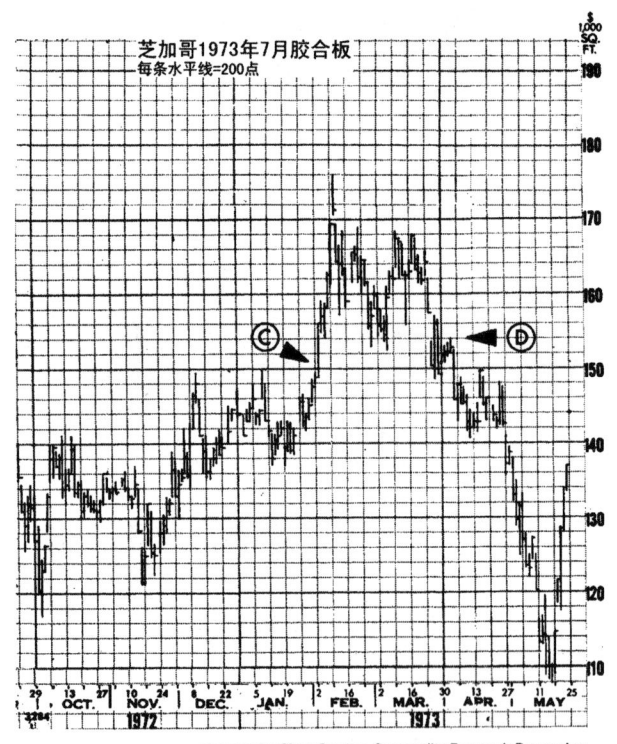

图10

在 C 点 150.00 突破点做多 7 月胶合板的仓位，应该在 D 点 150.00 ~ 155.00 之间用保护性的止损单平仓。

珀瑞吉：完全正确。但是对于一建仓就亏损的仓位呢？

## 第4章
### 本书最重要的一章

斯莱姆：如果你的时机把握得好，也就是，在上涨的大趋势回调时做多，或在下跌的大趋势反弹时做空，这样，如果大趋势不反转，我们就不用考虑平仓。如果大趋势反转，我们就用以下两种方法处理：

1. 我们会观察当天的市场行为，如果在收盘前大趋势要反转（或正在反转），我们平仓，至少是在收盘前平掉一部分仓位。

2. 另一方面，如果看起来市场是在一个主要的底部区域，有很好的支撑，其他技术或基本面指标也继续建议持有多头仓位，我们就继续持有。我们肯定不会加仓，我们会保持清醒，在反弹时平仓。

亚历克斯：如果市场对你不利，且一直对你不利，那么你岂不是根本等不到反弹平仓的机会？

斯坦利·克罗：是的，我们会继续持有仓位。当然，一切皆有可能。这正是我们对这种状况非常小心的原因。如果我们看到向上的突破，我们一般不会做空的。那些向上的突破都是剧烈的，我们会在向上突破当天的收盘前回补空头仓位，然后等待回调。但是，如果市场跌了很久，跌到或跌破我们认为的大趋势的关键位置，并且市场也找到长期的支撑点，我们也许会决定继续持有。当然，我们可能会被套住。但另一方面，市场也许会在扫掉别人的止损单后开始上涨。

会议后3周，我都没有见到亚历克斯，他也没给我打电话。当时我就纳闷，为什么他不打电话给我？难道我说的不够深刻？一天早上，他来到我的办公室。他没有吹嘘我们的交易策略，也没有说我们如何帮助他和珀瑞吉重新评估并提高了银行的交易方法。一小时后他就走了。噢，他还让我们帮他管理几个不错的小账户，算是奖金。

关于把亏损控制在最小，我再补充一点。如果你不控制你的亏损，会怎样？仅仅是亏钱吗？有时你亏的不仅仅是钱，我几年前收到一封信就描述了这一点。

1967年11月8日

纽约州纽约市25号大街，10004，克罗达隆有限公司

先生，您好：

一位纽约的朋友寄来你在10月17日写的《全球糖市快报》，我发现内容很有意思，结果也赚到钱，加强了我看涨的观点。

你引用的杰西·利弗莫尔的话，让我想起刚去世不久的父亲。在我还是小孩的时候，有一次问我父亲，怎么才能在期货市场赚钱。我父亲的回答是："你必须大胆，而且做对才行。"我接着又问："如果大胆却做错了，会怎样？"他说："当然你会跟着船沉下去。"不幸的是，他真的跟着船沉下去了……

# 第5章
# 铜——我们如何赚到100万

**铜,名词。1. 化学科目,可锻造,有延展性,红棕色,大量用于电导体和黄铜、青铜等合金。**

——兰登书屋词典(英文版)

市场上关于华尔街英雄的书有很多,谈论他们如何炒股赚到上百万,或炒可转换债券让资金翻倍。也有一些书说人们做同样的事如何亏了很多钱。我一直在想,是否有人在没有100万之前就决定写书说自己如何赚到100万。如果这样,他就可以和读者分享他的经历和很多细节——计划、希望、担心、焦急、胜利、绝望,不论成功与否,通往100万的道路上充满了这些感觉。

让我们像他一样生活;让我们搞懂他为什么相信自己;他如

何做总体计划，一步一步地艰难前行，并看看他的最终结果。即使他错了（如果他开枪但没命中目标）也让我们看看为何失败了。让我们来经历错误和失算，看看如何把灾难控制在最小。

让我们开始吧！

1972年11月上旬，斯莱姆和他的朋友克莱克懒洋洋地坐在我的办公室谈论刚刚平仓的棉花交易。我们都认为这是一次意外的成功。8月和9月，我们在27.00~28.50之间买入12月棉花；在27.50~28.00之间买入第二年3月棉花，仓位很大，最后把这190份合约都平仓了，平均利润是200点。在不到3个月的时间内，我们赚到的钱接近20万美元。

斯莱姆正在寻找下一次机会，当时谈到做空5月土豆，当时的价格是5.60左右。斯莱普认为自己适合交易土豆，在上涨时卖，或下跌时买，这并不重要。有时他会打平，但通常不会。

我说："你们整天无所事事，在每一个点位进进出出抢帽子，难道不累吗？你们真的会在每个顶部做空吗？我们改变一下计划吧。让我们再赚一次大钱——真正的大钱。我们要怎么做？我们要去买铜期货，大量的铜期货，我们在明年卖掉所有仓位能赚20美分。这就是我们要做的。"

我身体的每块骨头都能感觉到铜将会有大行情，我准备去搏一把。理由如下：

从1965年开始，铜就在底部附近，2号铜到期时的价格是35美分/磅，纽约商品交易所近期期货的价格是46美分。令人吃

# 第5章
## 铜——我们如何赚到100万

惊的是,美国和加拿大的所有商品中共有30种商品,只有铜最近10年一直在最低点。只有铜。

铜已经完成了大趋势的下跌目标,当时在45~46美分左右寻找长期的买入支撑点。而且,我研究了铜的长期价格循环,现在的大趋势应该要上涨(见图11)。从1964年开始,铜每两年上涨一次,具体如下:

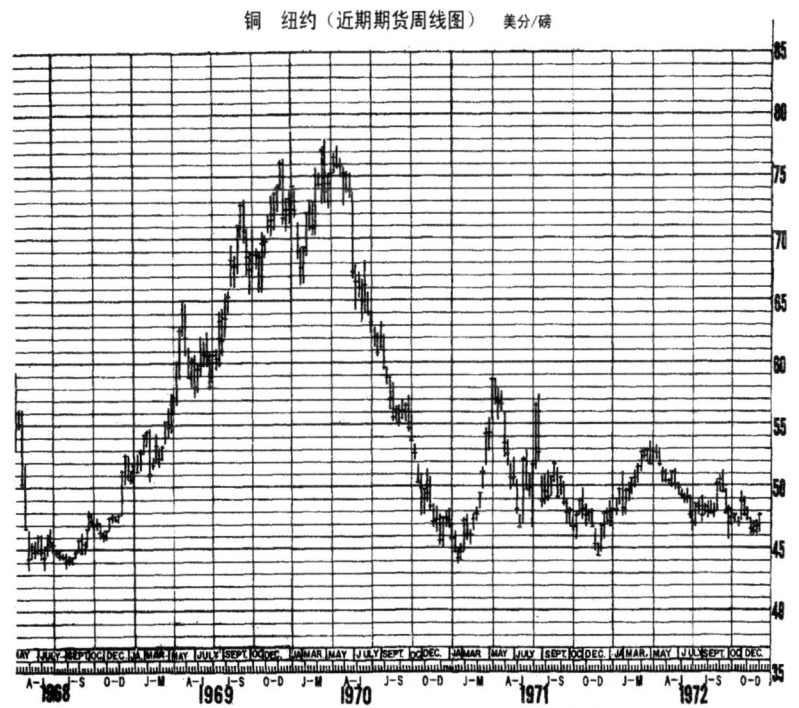

图11

表 2

| 上涨的年份 | 上涨时的价位（美分/磅） | 上涨时的最高点（美分/磅） | 价格波动幅度（美分/磅） |
|---|---|---|---|
| 1964 | 30.00 ¢ | 62.00 ¢ | 32 ¢ |
| 1966 | 38.00 ¢ | 82.00 ¢ | 44 ¢ |
| 1968 | 42.00 ¢ | 76.00 ¢ | 34 ¢ |
| 1970 | 44.00 ¢ | 78.00 ¢ | 34 ¢ |
| 1973① | 44.00 ¢ | 72.00 ¢ ② | 28 ¢ |

基本面也支持看涨的观点。还有以下这些显著的短期因素：

1. 消费性铜的库存相对较低。虽然伦敦、纽约和日本的库存很高（这正是看跌的因素）但工业用量会增加，同时伴随着铜的需求增加，这应该会降低库存，并对价格造成压力。

2. 从历史上看，经济复苏和铜需求的增加之间有 6~12 个月的时间差。因此，过去 6~12 个月没有很强的需求在意料之中。现在，需求的增加越来越明显。

3. 通货膨胀很明显，已经影响到其他商品，也会对新开采的和要报废的铜产生价格影响，形成上涨的压力。

长期看涨的因素有：

1. 全世界铜需求的长期趋势是上升，应该还会继续增加。铜是发电和输变电行业必不可少的材料，现在用电需求增加，尤其是发展中国家增加更快。

---

① 预示了 1973 年要涨。

② 这是我的中期价格目标。

2. 每吨铜的投资成本上涨厉害，大大增加了铜的生产成本。而且，诸如南非这样的主产区对铜的经营主导权，已经转移到那些经验少、低成本的地区。

3. 最近出现的新力量，至少会在未来几年改变整个铜工业的经济：这股力量就是现代高效的冶炼设备。主要原因是旧设备造成了空气污染和生态失衡，因此必须采用"清洁"的新设备，这样效率低的旧设备就被淘汰了。

斯莱姆和克莱克都很激动，尤其是在我讲了我的看涨观点以后。我的计划很简单，在华尔街，最简单的计划总是最有效的（也是最赚钱的）。

过去几周，我一直在少量地买入铜，为我管理的账户和自己的账户建立了少量的3月和5月铜期货。现在我要大量买入了，买点分别为：1973年3月合约的47.60，1973年5月合约的48.30。因为大趋势还是震荡下跌（虽然我"看到"明显的即将到来的反转）我的仓位还是要低，保留在150份合约左右，等趋势转而向上，我再加仓买入。

1972年11月15日，我写了以下的分析：

大趋势仍然是震荡下跌，小趋势上涨。根据5月期货来看，市场的强力支撑在48.00，阻力在49.00~50.00。在大趋势下跌的市场中，第一次反弹不会持久的，我预期在50.00附近会出现价格回调。我会把回调当做买入的机会，价格回调到49.00~49.50时我会加倍买入（见图12）。

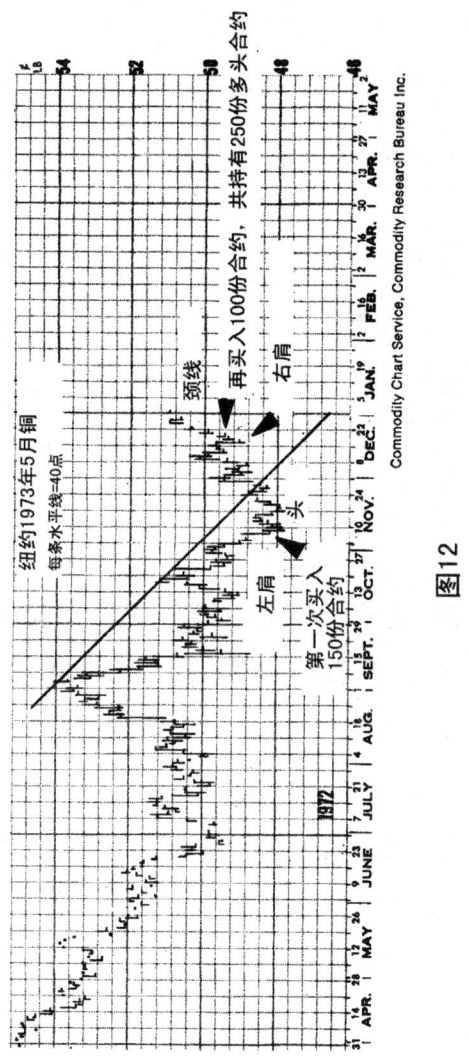

图12

我还看到一个头肩底在形成，50.50～51.00 的阻力区构成颈线，在右肩，任何回调都在 49.00～49.50 找到坚固的支撑。因此，

# 第5章
## 铜——我们如何赚到100万

我预计会有新的市场力量产生,上涨并突破 50.50~51.00 左右(颈线)。对 51.00 的突破就完成了底部,因此近期的价格目标就是 54.00,在这个过程中会有暂时的阻力。

我预期铜的大趋势会上涨,长期目标价格是 70.00~75.00 分。

市场基本上和我的预期一致。12月18日、19日和20日,5月期货的价格在 48.90~49.70 之间给我们提供了加仓机会(我的备忘录里写了)。我们在回调时买入 100 份合约,这样初始仓位共有 250 份合约,平均价格是 49.50。

我的计划要求我们继续持有多头仓位,在回调到支撑区时谨慎而有耐心地加仓,最终我们的仓位是 400 份合约。

关于铜的激动人心的过程,请看第7章。

下面的图表3总结了铜的长期利润。

表3:持有的合约数量(单位:美元)

| 价格波动(美分) | 1 | 100 | 200 | 250 | 300 | 400 | 500 |
|---|---|---|---|---|---|---|---|
| 1 | 250 | 25 000 | 50 000 | 62 500 | 75 000 | 100 000 | 125 000 |
| 5 | 1 250 | 125 000 | 250 000 | 312 500 | 375 000 | 500 000 | 725 000 |
| 10 | 2 500 | 250 000 | 500 000 | 625 000 | 750 000 | 1 000 000 | 1 250 000 |
| 15 | 3 750 | 375 000 | 750 000 | 937 500 | 1 125 000 | 1 500 000 | 1 975 000 |
| 20 | 5 000 | 500 000 | 1 000 000 | 1 250 000 | 1 500 000 | 2 000 000 | 2 500 000 |
| 25 | 6 250 | 625 000 | 1 250 000 | 1 562 500 | 1 875 000 | 2 500 000 | 3 125 000 |

# 第 6 章
# 杰西·利弗莫尔,为你而写

**万变不离其宗。**

——阿方斯·卡尔

有一次我发现女儿劳拉在阅读一本熟悉的书——我想应该是《黑美人》。我问她:"你以前不是看过吗?"劳拉说她这是第 5 次阅读。

我就想,有没有让我也看过 5 次的有意思的书。我在写这本书时,我意识到有本书我也看了很多次——毫无疑问,我还会看。这本书是华尔街最重要、最有价值的书,对我的影响非常大。

这本书就是埃德温·李费佛 1923 年出版的《股票大作手回忆录》。虽然这本书是以虚构的形式写的,但真实反映了华尔街最伟大的投机者——杰西·利弗莫尔的生涯,他既交易股票,也交易商品。从利弗莫尔的时代到现在，多年来，交易战术和策略并没有改变多少。

在我15年的商品交易中，我遭受过（也许更多）战术错误、误算、惨败和彻底的失败，每次我都努力从中吸取教训。但我有一个优势，我在职业生涯早期就发现了《股票大作手回忆录》，所以我不但从错误中学到了东西，我还从利弗莫尔那里学到了东西。他的一些交易非常漂亮！我很幸运（你也是)，李费佛的分析很有建设性，也很清晰。举个例子：

我在富勒顿的办公室研究我赢利的交易，发现尽管我对市场的判断100%正确，但我并没赚到足够的钱。为什么呢？

首先，在上涨开始我就看涨，我买入股票以支持我的观点。我能清楚地看到还会继续上涨。到目前为止，我做得很好。但我还做了什么？我听了那个资深政治家的话，我控制了自己的浮躁。我决定要认真、聪明、保守。每个人都知道先兑现利润，然后在回调时买入。我也是这么做的，我经常兑现利润，然后等回调，结果股票直接涨上去了。我保守地赚到了4个点的利润，眼睁睁地看着股票又涨了10个点。他们说只要有利润，你就不会变穷。对，你不会变穷。但是，在牛市只赚4个点也不会让你变富。

本来我可以赚到2万美元，结果由于保守，我只赚了2000美元。

## 第 6 章
### 杰西@利弗莫尔,为你而写

以下我最欣赏的话。我把它打印成小卡片,放在我的桌子上:

……在华尔街打拼了很多年,赚了几百万,又亏了几百万以后,我想告诉你:我的想法永远不会让我赚钱。总让我赚钱的是我的坐法。你明白吗?就是静静地坐着。判断对了根本不是什么技术。很多人在上涨前就看涨了,在下跌前就看跌了。我知道很多人在恰好时机开始买卖股票,应该会有巨大的利润。结果他们的经历和我一样,他们没赚到钱。判断正确并能静静坐住的人非常了不起。我发现要做到这点太难了。股票交易者只有掌握了这一点才能赚大钱。如果交易者不明白这一点,他赚几百美元都很困难;一旦他明白了这一点,赚几百万都会很轻松。

从 1961 年开始,我买了四五十本《股票大作手回忆录》送人。谁得到了第一本?我记得很清楚。我把第一本给了保罗,他是我最早的客户,也是最值得记忆的客户。

1960 年 11 月,保罗第一次交易商品,他以 2.25 的价格买了 1 万蒲式耳的 5 月大豆。到了第二年 4 月,大豆价格涨到 3.35,他已经把最初的 5000 美元和 2 份合约增值到 80 000 美元和 45 份合约。对于第一次做期货的交易者来说,这是多么幸运呀。但当市场继续前进时,保罗过分看涨。他最初的价格目标是 2.85,然后是 3.20,当价格到了 3.35 时,他的目标又变成了 4.00。

他的资金最多时是 8 万美元。几天后（资金缩水了 3 万美元），我劝说保罗平仓。我告诉他："你赚了 5 万美元，比你当初想象的还要多。赶快平仓吧，然后去环游世界。"但保罗在市场下跌后变聪明了，他要把 3 万美元赚回来，然后再平仓。

故事的结局都很相似，总是这样。保罗剩下的 5 万美元很快就消失了，最后剩下的钱只够他坐车回布朗克丝（还是有一段距离的），还有一本我送给他的《股票大作手回忆录》（他要早点看就好了）。事实上，当他总结自己的不幸遭遇时，他发现净亏 7000 美元，比最初投入的 5000 美元还要多亏 2000 美元。

**我强烈建议你在看完本书后再看《股票大作手回忆录》。也许下次上涨时你就能挣回 5 万美元。**

# 第7章
# 继续讲铜——成功了!

持有赚钱的仓位就像是骑一匹跃起的野马。一旦你骑上去，就要明白你必须做的事——坚持再坚持，不要被撞，不要掉下来，一直到最后。你知道，如果你还在马鞍上，你就是赢家。听起来很简单吧？嗯，这就是成功交易的关键。

毫无疑问，投机者最大的敌人就是自己。为什么无所作为那么难？无所作为，就是绝对不交易——根本不交易。

我知道我们正骑在铜上面，因为市场行为告诉我我是对的。价格脱离了长期的支撑区，上涨很快。随着价格的上涨，持仓量和成交量也在上涨——这是牛市的表现。上涨时间较长较强；回调时间较短较弱。

我们所能做的就是忽视场内流言、市场报告、评论甚至是新闻。为什么要忽视新闻？因为从很大程度上来说，是价格制造了新闻，而不是新闻制造了价格。

有一次，我和朋友打赌，我说我可以根据（可可）价格的波动来预测新闻，结果我赢了。市场上涨之后总是出现看涨的新闻；市场下跌之后总是出现看跌的新闻。譬如，讨厌的盲蝽每隔几年就要破坏仓库里的可可豆。但这家伙的时间观念特别强，它总是在价格上涨时搞破坏。我还一次又一次地观察到，在可可仓库突然发现了大量的"以前没发现"的可可豆，这种事总是发生在价格下跌的时候。是巧合吗？我想不是巧合。期货市场对价格非常敏感，通常它总是提前消化吸收了大部分新闻，当大众投机者知道这些新闻时，这些新闻已经过时了。

所以我们继续持有250份铜的合约。价格上涨，新闻就看涨；价格下跌，新闻就看跌，总是如此。我最大的问题就是控制自己，不要在上涨时买入，不要在回调时卖出。这肯定是个问题。我有一个小发明可以防止我去交易。我每天早起，阅读《股票大作手回忆录》，尤其是利弗莫尔"坐不住"的那一段。我整天带着这本书，交易时，我把它放在桌子上的电话前，这部电话是和交易所场内直通的。

我预测的价格主要目标是70.00~75.00美分。我的交易是顺着大趋势（做多），逆着小趋势（在小回调时买入，尤其是当成交量减少时，在回调的第三四天买入）。最后，我拒绝做短线，拒绝做日内交易，拒绝因为消息或流言就在回调时卖出，这些都是诱惑（这样的诱惑很多）。

# 第 7 章
## 继续讲铜——成功了！

因此，我在 1 月 3 日买入更多的 5 月和 7 月合约，价格是 51.00 美分左右（5 月合约）；在 1 月 17 日和 18 日，价格回调到 52.50~53.00 美分时买入加仓；2 月 13 日上午价格在 57.00 美分跳空高开时我们最后一次加仓。

这样，我们一共持有 350 份合约。够了。

2 月 22 日，市场跳空高开 200 点，当天 5 月合约是以涨停价 60.60 美分收盘。这种强劲的开盘跳空缺口是明显的信号，预示市场要涨。对我来说，这个缺口是中继缺口，市场从 48.00 美分涨到 60.00 美分，涨了 12.00 美分，所以我预测还要涨 12.00 美分。72.00 美分的价格目标和我最初的价格目标一致。用两种不同的方法来计算价格，这两种方法相对独立，但是都得到相同的结果，这样的事情总是让我兴奋不已（印象深刻）。在这种情况下，两种计算方法都得到 72.00 美分的价格目标，这个目标和另一个重要的技术指标也是一致的，进而加强了这个指标的可能性，那就是市场会在 70.00~75.00 美分遇到强烈的长期阻力，此时上涨会停止，至少是暂时停止。

2 月 23 日~3 月 2 日期间，铜期货涨了 8.00 美分。我们继续持有 350 份合约，每涨 1.00 美分等于资金能增加 8.75 万美元。多大的行情啊！持有这么大的仓位让我感到紧张（也没有耐心），我只好安慰自己。虽然现在看起来还是太早了，不能平仓，但我想此时正好可以通过差价组合转移部分风险。

大部分主要上涨的铜市场的一个重要特征是价格倒置。其原因是有些地方供应短缺，近月期货比远月期货卖得贵。当时我正在密切观察价格的不同变化，以找到倒置的价格机会（图13）。

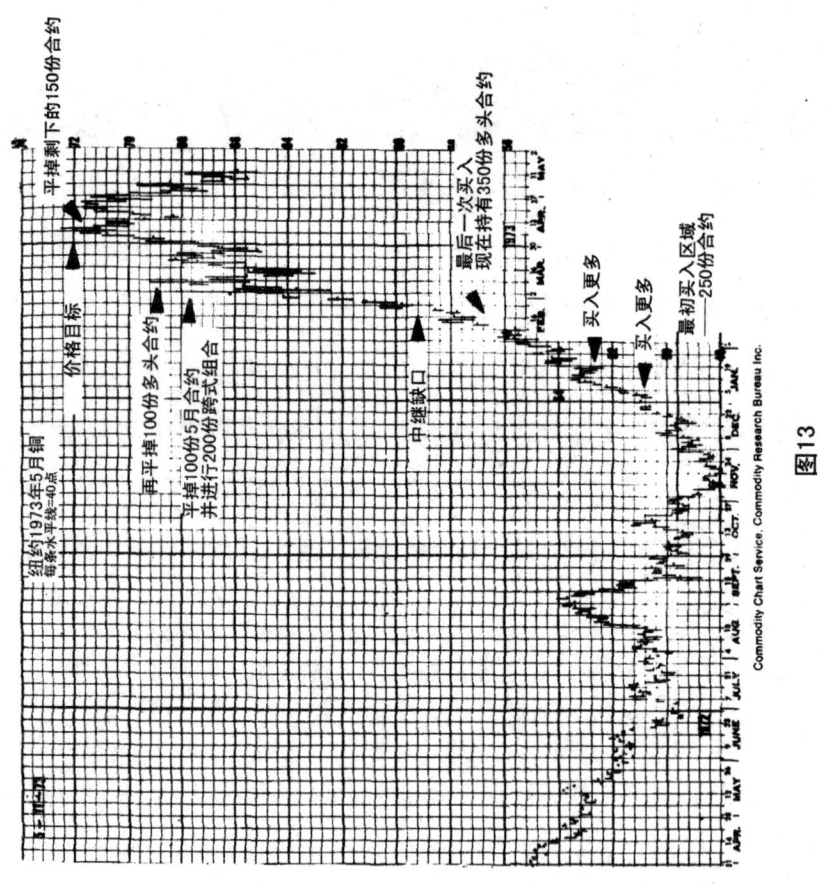

图13

3月1日，5月合约的收盘价首次高于7月合约，第二天我松了一口气，平掉了100份5月合约，并进行200份跨式组合。也就是说，我买入100份7月合约和100份9月合约，同时卖出200份

## 第7章
### 继续讲铜——成功了!

12月合约。

我们的赌注有了某种对冲,因为我平掉100份多头合约兑现了利润,同时我有了200份新的跨式组合仓位。我是这样分析跨式组合的:如果市场上涨,近期的7月合约和9月合约就会比12月合约涨得快(跨度就会变宽);相反,如果市场下跌,近月合约会比12月合约跌得慢。

我平掉30%的多头仓位,又做了有点风险的跨式组合。其另一个原因是,市场涨得很厉害,68.00已经快接近我的长期价格目标了。我预测市场从这里开始将有一个剧烈的大幅震荡,我想在这种波动中赚钱。具体地说,随着市场上涨,我会平掉250份多头仓位,并保留200份跨式组合的仓位。另一方面,如果市场急剧下跌,我会回补跨式组合的空头仓位(12月合约)。

正如我的预测,市场大幅震荡,我坚持执行我的计划。3月初反弹到68.00~69.00美分时,我平掉多头仓位中的100份5月合约和7月合约,持有的跨式组合没动。这样多头仓位就只剩下150份合约。我已经卖到"可以安心睡觉的水平"了。

到了3月底,市场下跌,跨式组合中有200份12月空头合约,我则回补了120份,价格是63.00~64.00美分之间,跨式组合中的多头仓位没动。从那里开始市场又上涨,4月初,我平掉跨式组合中的120份7月合约和9月合约,7月合约的平仓价格是67.50~70.50之间。

这种平衡在我还没意识到之前就结束了。这就是商品交易的独特性。你预测有个大行情，无论涨跌，你都要计算这个行情的时间和幅度。如果你是对的，你总会发现市场的行情比你预测的要快。商品市场总是快速地发展到下一阶段，真的很快。

4月9日上午，5月铜到了72.45美分，然后变弱，收盘在最低点71.15美分。我当天平掉剩下的150份合约。因为：

1. 市场已经达到我们的价格主要目标，并到达长期的阻力区。

2. 价格已经到了合约的最高点，然后看起来停住了。这不是要上涨，因为当天收在最低点。如果我没猜错的话，这是决定性的趋势反转。

综合以上两个原因，我认为市场相当脆弱。清仓出场是最好的选择。我在4月9日平掉剩下的多头仓位后，在第二天把跨式组合中剩下的仓位也清完了。

最后总结时，我们发现350份合约，平均每份合约赚了15美分，再加上200份跨式组合也赚了1~2美分。即使扣除佣金，我们也赚了100多万美元。这可是半年的收获呀！

# 第8章
# 如果你认为可可危险，就试试铂

亚当·斯密在《金钱游戏》中说，每当他想交易可可时，他就躺下来，直到不再有这个冲动。我正好同意他对可可的看法，只是我要说的是，铂也是如此。

商品交易之所以吸引我，其中一个原因是我可以年复一年地用心观察10多个商品。因此，从1960年开始，我就跟踪芝加哥的小麦、玉米、大豆和猪肉，纽约的铜、白糖和白银——再加上伦敦的一些商品市场。

我也跟踪过铂，我想只有那些有受虐倾向的人才能在这个市场待下去。这些年，我不仅没在铂上赚到钱，而且在铂上所花的工夫（和受的罪）比在其他商品更多。我的铂仓位一般都是对的，有时也有很多浮动利润。但是奇怪的事总会发生在去银行的路上，利润总是在我取现之前消失。

最后一次发生在1971年2月,我在106.00附近小心翼翼地积累了7月铂的仓位。市场涨到118.00,我在119.60附近开始逐级下单平仓,我的平仓单还没有下好,市场就崩溃了。它不是滑跌、慢跌或下跌。噢,不,它是崩跌,直接跌到96.00。当它反弹时,我平仓了,只损失了佣金。现在回想起来我还是幸运的。

现在是1973年2月的第1周,铂在煽动性地上下震荡。我发现自己不再对铂感兴趣,我决定根据我们的直觉做事。躺下来不太合适,于是我拿上外套和雨伞(当时在下雨)到南街海港去散步。在码头散步可以治疗我对铂的冲动。但我还是错了,因为第二天买入的战鼓声比平时更大。我们又行动了……

在交易之前,我要在备忘录上写下关于铂形势的总结,既有技术面的,也有基本面的。我是这样写的:

1973年2月5日——铂——技术面:大趋势震荡上涨,小趋势下跌。根据7月合约来看,小趋势收盘在150.00以上就表明它转而上涨,如果收盘在156.00,那就确认上涨的大趋势。我认为138.00~143.00是很好的买入支撑区,阻力区在148.00~152.00。

市场用7个月的时间构建了一个对称三角形,我认为是整体看涨模式。如果突破156.00,那么就确认看涨的观点,如果同时伴随成交量放大(超过1500)和持仓量大于8000份合约,看涨就更加确定了。

| 第8章 |
如果你认为可可危险,就试试铂

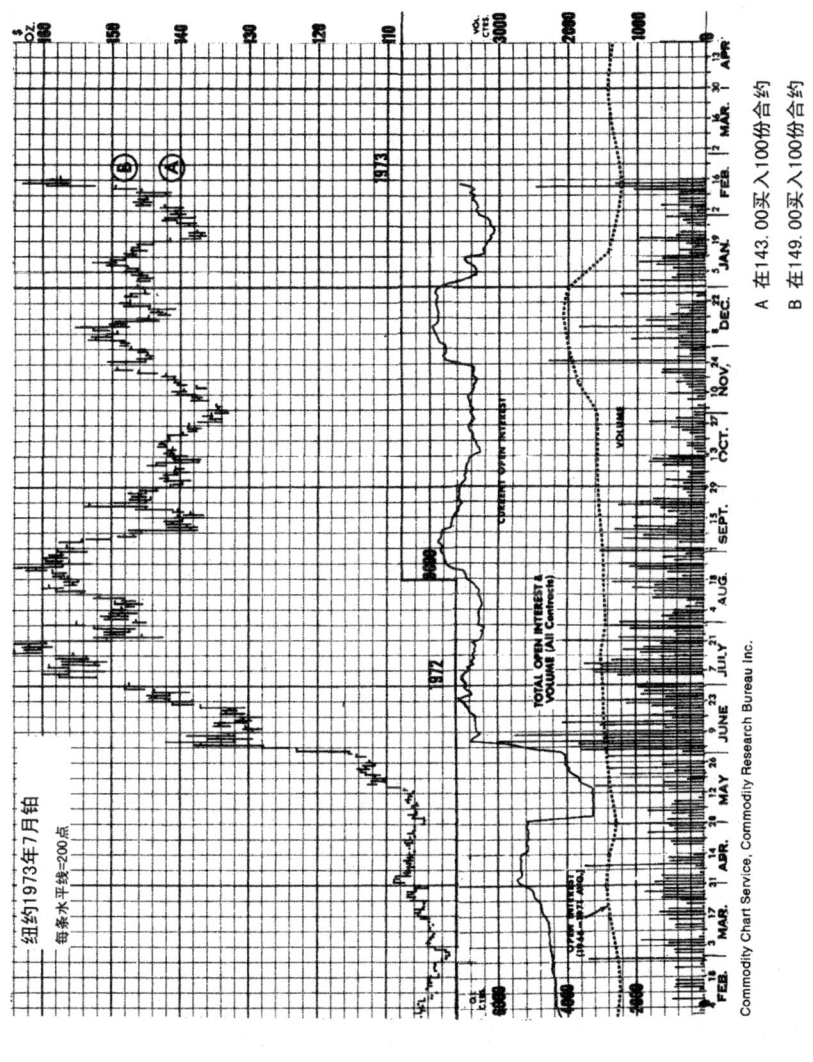

**图 14**

我预测会反弹到 166.00 或更高。如果收盘在 166.00 以上,我计划在回调到 154.00 再买入 100 份合约

结论：(1) 回调到 143.00 时，第一次买入；(2) 第二次买入时，止损点设在 149.00（在下跌趋势线之上，在近期高点 147.00 附近）；(3) 回调到 154.00 且收盘在 166.00 以上时第三次买入。

目前的基本面：1970 年《联邦空气清洁法》要求，从 1975 年开始，每辆车必须有一个通过认证的排气装置。虽然市场上有很多排气装置，但是用铂制作的催化式排气净化器是首选。它的技术特点受专利保护，汽车工业越来越接受它。1975 年的模型车一年后就要出来了，虽然汽车制造商想尽力延迟《联邦空气污染管制法》，但他们也要为这些标准做好准备，以防止联邦的方针没有被延迟。举例来说，福特公司与万丰公司、W·R·格雷斯公司签订协议，让格雷斯公司向安格公司增加供应，这样就能保证他们有足够的金属供应。估计每辆车的排气净化器将需要 1/10 盎司的铂。如果每年生产汽车 1000 万辆，就要消耗 100 万盎司的铂。

在石油化工行业，铂是重要的化学催化剂，未来几年这方面的需求也会稳定增长。

最后，除了工业需求的增长，我们不要忘了它的投机性需求，他可以"储藏"。随着国际金融的不稳定，财富从纸币流向贵金属，铂的需求会保持在高位。

结论：基本面支持看涨。我预测需求在未来几年会稳定增长。在目前这个价位，供应会跟不上需求。很可能价格的显著上涨会导致相应供应的增加。

# 第 8 章
## 如果你认为可可危险，就试试铂

好了，情况就是这样。

下面就是我们的交易情况：

1. 2月9日周五，2月12日周一，7月铂的价格在141.50～146.00之间。我们买了大约100份7月合约和10月合约，买入价格根据7月合约来看是143.00。

2. 正如预测那样，市场在138.00～143.00之间找到了坚固的支撑，随后潇洒地上涨。2月13日，7月铂的收盘价是149.50。按照计划，我再次买入100份7月和10月的合约。

此时，我已经积累了2/3的仓位。我不想超过300份合约。我对以前的市场溃败记忆犹新。

目前，市场表现很好（似乎我在交易铂时总是在等待另一只靴子落地），在上涨时，成交量和持仓量也在增加，我期待更高的价格。

我的计划现在让我们观望，让市场自己上涨。然而，如果收盘在166.00以上，我预测会有一个回调，回调到154.00附近的支撑，我就会再买入100份合约。然后，我预测最终会涨到195.00～205.00，那时我就会平仓。（在第14章继续）

## 第 9 章
## 高买，低卖。"我们为什么总是亏钱？"

经过这些年，我到现在以为我已经习惯了"高买低卖"，但并非如此。我对此还没搞清楚。

为什么他们在上涨时看涨，在下跌时看跌？投机者的行军歌是什么？那就是"高买，低卖。"

1972 年，我最后一次交易白银。1971 年 11 月和 12 月，我积累了不少仓位，成本在 140.00 附近，6 个月后我在 165.00 附近平仓。我是在一个合理的上涨阻力区平仓的，期待市场再回调 50%，这样我就可以再次买入。

我想先把赚钱的仓位平掉，然后在回调时（尽量）买得更便宜，我再次陷入这个陷阱。市场犹豫了几天，震荡以后就上涨了，我只好在一旁观望。我带着25美分的利润，眼睁睁地看着白银涨了100美分。错过了大行情。

刚开始，我的管理账户客户抱怨我在戏弄他们，说我在大行情之前帮他们平仓了。到了250.00附近，他们开始变得焦躁不安。这是一个典型的通话内容：

客户：你想买点白银吗？

斯坦利·克罗：为什么要这么问？

客户：我只是想想。

斯坦利·克罗：想什么？

客户：我在想你能不能帮我买点白银……

当价格到了250.00、260.00甚至270.00的时候，为什么他们才开始看涨？

我当然想买回白银。它涨得非常非常高了。但是，我在等待"合适"的买入机会。对大趋势判断正确还不够，如果你的时机不对，即使方向对了，也会亏损。我在等：

1. 小趋势下跌，同时大趋势还是上涨。

2. 市场上涨后再回调40%~50%，同时成交量和看涨的热情降低。

3. 回调到合理的支撑区，譬如，跌到之前的主要阻力区，这个阻力区已经被上涨的市场打破，所以现在是支撑区。

所以我等……等……等……继续等……

## 第 9 章
### 高买，低卖。"我们为什么总是亏钱？"

在漫长的等待同时，我还在跟踪铜，所以这段时间平静、无聊。我有几次强烈地想进入这两个市场，但还是努力抗拒了。在这几周内，我只吃东西不交易，长胖了10磅，但这就是观望的代价。

我一直观望到白银涨了60美分（根据5月期货，从210.00涨到270.00），这就是耐心，耐心是成功交易者的美德，市场终于反转了。那是典型的反转！3月1日，7月白银以涨停价268.30收盘。第二天，跳空高开在274.00，然后就开始下跌了，收盘收在当天的最低点264.00。到了3月5日周一，市场给了我一份生日礼物，收盘时是跌停的。这就是机会，我要预测下跌在哪里结束，并在那里买入大量的白银合约。

这实际上并没有听上去那么难。因为我大部分是根据技术面做的分析，估计有人会因此责怪我的交易时机太简单。根据7月合约，50%的回调会跌到220.00，和长期的支撑区205.00～210.00是巧合的。这让我放心，我有两个互相验证的技术指标。根据7月合约，我会在215.00～225.00之间买入，我决定等市场回调到这个区间。错过机会比太早进场要好，太早进场容易被洗出来，然后又要眼睁睁地看着市场像你预测的那样离你而去。如果你根据有力的技术分析和以前成功的技术工作确信你的价格目标正确，你就必须保持信心并坚持你的观点（在等待机会的时候不要吃得太多）。

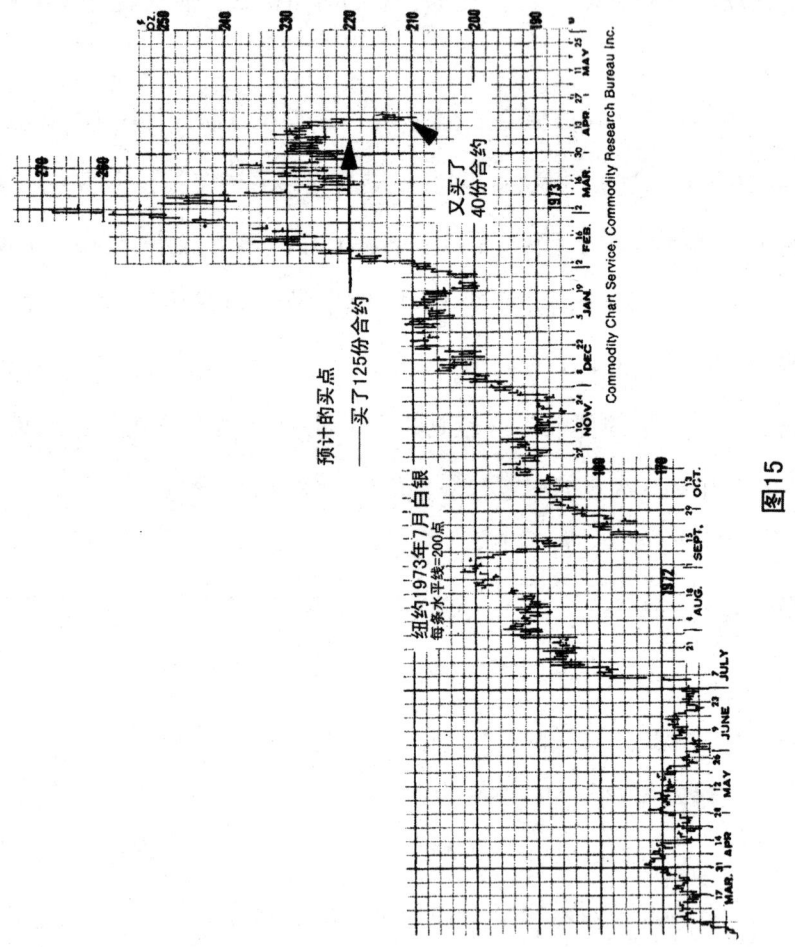

图15

两周后白银回调到220.00，在5周多的时间内，它的价格在220.00～230.00之间震荡。这明显就是我的买入机会，我在纽约

# 第 9 章
## 高买，低卖。"我们为什么总是亏钱？"

商品交易所买入 125 份合约。因为市场还处于防守状态，我不想买太多。虽然我的预测值更高，但是我还是想等市场告诉我是正确的时刻再加仓。

然后，4 月 16 日，7 月白银在 221.40 收盘，第二天直接跌到 211.70。咔哧……跌到了 220.00 这个长期支撑区，我在这里的账户资金是 1.25 万美元。对我来说，这个突破就像最后一震，它把（5 月合约）白银跌回到长期支撑区 205.00。幸运的是，我们有很多的资金（不过度交易，反而保留足够的现金储备，就是为了防止这样的意外），所以我又在 213.00（7 月合约）附近偷偷地买了 40 份白银合约。

根据 7 月合约的价格，后面 3 周内，市场在 210.00～218.00 之间震荡，给不可共患难的多头提供了转而看跌并平掉多头仓位的机会。

我再次接到了一些管理账户客户的电话：

客户：你想卖出白银吗？

斯坦利·克罗：你为什么这么问？

客户：我在想。

斯坦利·克罗：想什么？

客户：我在想你会不会帮我把白银卖掉……

听起来是不是很熟悉？

## 第10章
## 投机者卖出白银；谁在买入，为什么要买入？

除了我的客户，还有其他人对市场也有同样的看法。一家瑞士大银行的高级经理 G 博士是个精明的经济学家，我和他有过一次长时间的交谈。他过去 40 年都在研究贵金属，他也喜欢交易贵金属。

他很健谈，并用可笑的肢体语言拿那些无知的投机者开涮，暗指他们就是一群"牛宝宝"和"熊宝宝"。

他谈到了国际金融环境和瑞士银行家们对美国股票市场、贵金属市场的态度，然后他做了个人预测：

"国际金融市场还不稳定。人们对纸币没有信心，因此，我们的客户自然而传统的避险选择还是贵金属。"

"客户和我都对股市没兴趣了，至少现在没兴趣。我们已经卖掉了部分股票,一般情况下,我们不会再买股票了。"

"黄金涨到顶部了。我们预测明年白银会涨得更高。目前黄金和白银的价格比是40∶1,这说明白银很便宜。我预测40∶1这个价格比要下降。"

对于美国政府会拿出1.17亿盎司的白银储备投放市场的普遍认识,他表示怀疑:"首先,我不相信美国政府有那么多白银;其次,即使他们有那么多,我也不相信他们会卖;再次,即使他们会卖,全球市场也会轻松地消化掉。"

他所在的银行和其他银行都在建议客户买入以黄金和白银为主的贵金属。他们在伦敦或苏黎世买入黄金,但大部分白银都是在纽约买的,因为纽约的报价会传到欧洲。这就解释了为什么纽约的白银库存会减少,他感觉库存量会继续减少。

这是多么有趣、及时的交谈啊。当我知道G博士和他的同行都在买入白银,我觉得很宽慰,他们是我最欢迎的同船伙伴。

白银连续3周在210.00~218.00之间震荡的同时,成交量下降,持仓量减少了6000份合约。大量的投机者在平掉多头仓位,似乎市场从弱手转到了强手,大大加强了技术形态。我强烈认为这是牛市特征,我在215.00~219.00(7月合约)又买入35份白银,一共买了大约200份合约。

我们没有等多久。黄金开始波动,白银紧跟着波动。5月3日周四,7月白银以214.00开盘,以涨停价222.40收盘。这次上涨让价格很快冲入阻力区,此时市场应该回调。但是没有卖盘,它

## 第10章
### 投机者卖出白银；谁在买入，为什么要买入？

稳定了3天，然后，7月白银5月8日在228.70收盘，离230.00的重要突破口只有一步之遥。涨得太厉害了！第二天，7月合约开盘价是244.00，突破了！当天收盘价是235.30。(图16)

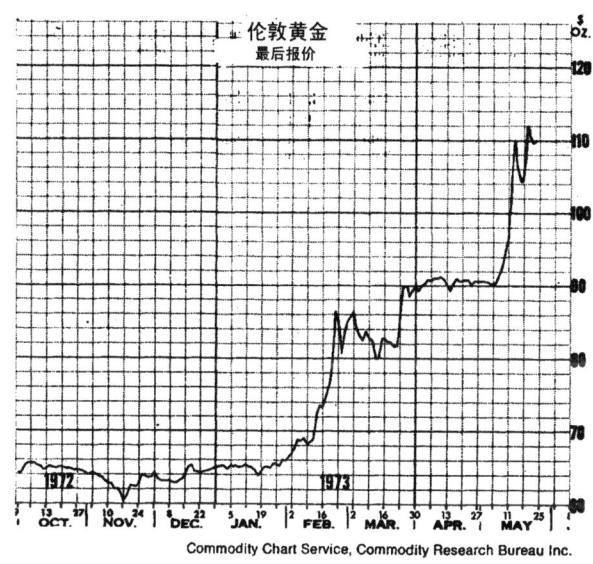

**图16**

黄金还是继续强势，3周内从90.00涨到112.00，同时白银一下子涨到255.50，根本没有时间让你兑现利润并做空。当我在明确的上涨市场中做多时，我总是喜欢这些技术性回调，它们大大增强了市场的节奏。

5月15日周二，这是值得纪念的一天。这天，7月白银合约价格涨到涨停板的255.40，然后在最后一小时急速下跌，跌到跌停价 236.20。买家在最低点疯狂地买入，无论是哪个月份的合约都买。我在最后几分钟终于买到 10 份合约，我下的买单很多，但成交的很少。

烟消云散以后，大家发现白银的波幅是 20 美分，当天是从涨停到跌停，成交量是 16 151 份合约（表示 1.6151 亿盎司白银换手）。

是什么导致疯狂的、不理性的抛盘？为什么会在如此强劲有力的上涨市场中出现抛盘？很快真相大白——答案在场内。一家很大的经纪公司用"市价单"大量卖出，正好激活了他们自己客户和大众投机者的止损单。场内的交易者则全力买入。

第二天上午，我下工夫认真地研究了白银市场。有趣的是，前一天的回调正好是上涨的 50%（市场从 210.00 涨到 255.00，然后回调了 20 美分，到达 235.00）。市场还是上涨的，对我来说只有一件事：继续持有多头仓位。市场看起来要继续上涨。

市场确实上涨了。突破最高点以后，市场涨了 15.00 美分，回到 254.00，再次去测试 242.00 这个价位，然后又上涨。5 月 25 日周五，7 月白银涨了 8.40 美分，当天收盘价是 251.20。场内交易者不知道是什么消息导致了上涨，我则不会为此感到奇怪。

但是那天收盘后，路透社发布了以下新闻：

白银库存继续降低

5 月 25 日，华盛顿美国矿业局 1973 年第 1 季度的报告显示，3 月 31 日的白银库存继续降低，减少了 4600 万盎司。

1972 年 12 月 31 日白银库存 5210 万盎司，与 3 月底相比，矿

## 第10章
### 投机者卖出白银；谁在买入，为什么要买入？

业局修正了之前6360万盎司的估计。

同时，矿业局的报告显示1973年第1季度白银的工业消耗是4860万盎司，高于1972年第4季度的4270万盎司。

这个新闻比大家想象的还要看涨，市场的反应就是找回自尊。下一个交易日是5月29日周二（周一放假），纽约白银市场的库存减少了33万盎司，当天的市场涨停（图17）。

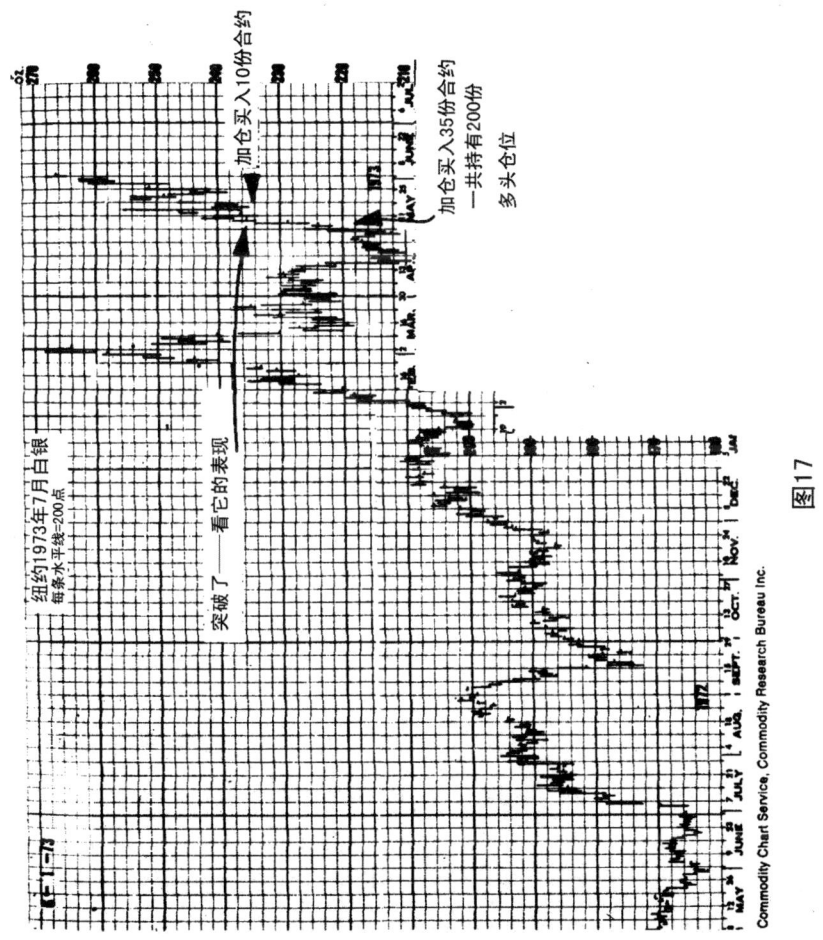

图17

我预测的7月合约近期价格目标是275.00~280.00，远期合约的长期价格目标是340.00~360.00。白银市场看起来简直就是现在铜市场的翻版，我们要做的就是保持耐心和放松。记住，大钱是靠坐来的不是靠交易来的，坐着就行了。我总是听见G博士在幽默地评论我们的"牛宝宝"是如何不幸地平掉了多头仓位。

我们的白银冒险之旅会在第18章继续讲完。

# 第 11 章
# 我们只计算一份合约——我们会亏多少？

有个年轻人每隔一段时间都会天真地问我，"我们究竟会亏多少？"我的反应是："选一个数字，一个足够大的数字，这就是每份合约你愿意亏的数字。"

谁是遵守这个道理的最佳人选？当然是我。

我从1960年开始就一直在交易大豆。这是我最喜欢的市场之一，成交量大，振幅大，趋势特征明显，很多机会容易把握。事实上，我第一次大赚就是1961年的大豆上涨市场。

在1972年，我两次"抓住"了大豆市场。我在10.30美分附近买入5月豆油，几周后，以11.30分平掉。（让我吃惊的是，它随后窜到17.00美分。）还记得我在第二章提到的关于大豆"意外的成功"吗？当时我在3.19买入5月大豆，在3.22买入更多，在3.24的"高位"还在买入，最后在3.36平仓——随后大豆就狂涨了。

所以,当 5 月 21 日大豆到达荒谬的、不稳定的、前所未闻的 8.58 时,我"知道"可以做空了。市场已经涨到极限,所有技术指标都显示"超买",过去的大豆市场都在五、六月涨到顶部。但我一向谨慎小心,我知道我是在逆着大趋势和小趋势做空(我心里想,没问题的,市场就要崩溃了),我决定建立一个小的空头仓位。我的计划是,等到趋势转而下跌,我的仓位赚钱后再慢慢加仓。(至少我做对了一些事情!)

所以,我在 8.58 附近做空了一点 7 月大豆,在这个价位做空看起来是安全的。我已决定,如果我错了(市场会很快告诉我的),我就不会持有——我会回补并接受亏损。

市场用不确定性告诉我我是错的,我只好按计划做。我在两周后的 6 月 4 日回补,每份合约亏损了 15 930 美元。

我不但亏了钱,而且还被大豆市场伤害了。这段期间,我在大豆市场挣扎,其他交易也很糟糕,让我严重受伤。亏损的小仓位和赚钱的大仓位相比,显得小仓位更易伤害交易者。亏损是不可避免的,虽然我准备接受亏损,幸运的是亏损也不大,但我还是太惯于寻找并持有赚钱的仓位,并一路加仓,最终赚大钱(图 18)。

然而,我刚刚在铜市场赚了 120 万,持有的 200 份白银合约才刚刚上涨,也有巨大的浮动利润,我那少量的 25 份大豆空头仓位确实让我不安。这种不安让我放弃了两个耐心等待的机会:我取

| 第11章 |
我们只计算一份合约——我们会亏多少？

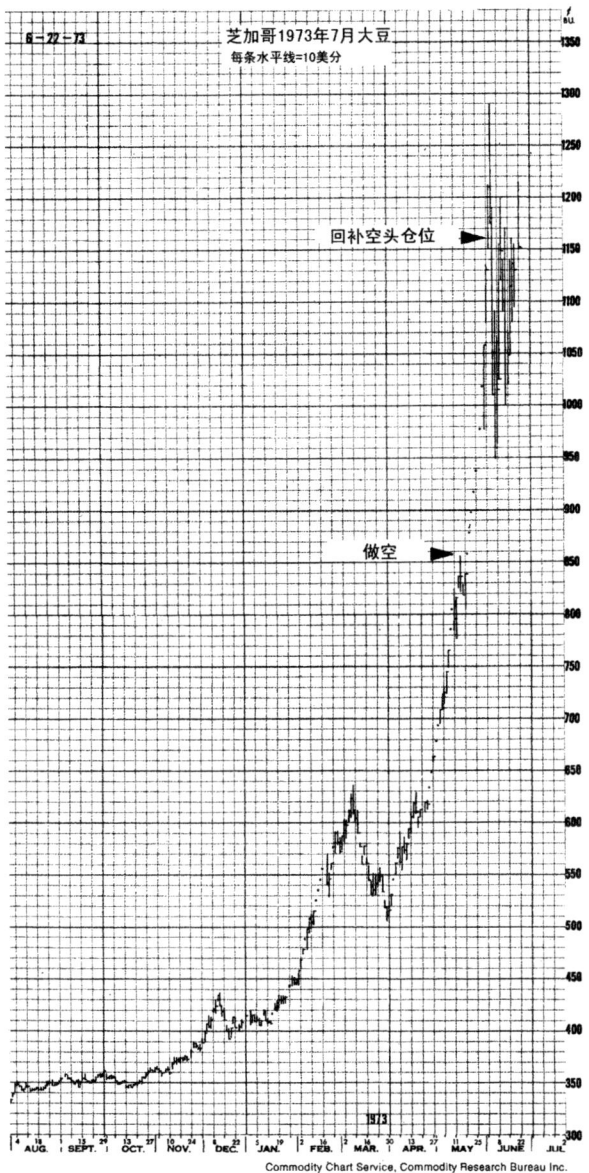

图 18

消了买入 9 月玉米的订单,当时止损点是 1.80 (它最后涨到了 3.47);我还取消了在 64.00~65.00 美分之间买入 12 月铜的订单(它的最终涨幅超过 100.00 美分)。

这件事再次证明,市场并不是高得不能再买,或低得不能再卖。回头来看,大豆在 8.58 还是一个很好的买点。它又涨了 4.00,相当于每份合约能赚两万美元。兄弟啊,这可不是小数目啊!

# 第 12 章
# 比知道何时交易更重要的是什么？

几年前，我在从纽约到费城的新泽西州高速公路上，有一种不安的感觉。车速有点太快，路有点滑，几个小转弯看起来比平时还危险。能见度太低，让很多司机不安，所以他们开车时都有点不顾死活。我看见路边发生了很多事故，比平时多，有人受伤了，还有更严重的，这给其他司机带来了更多的困难和不安。我的脑海中不断地闪现"谨慎……谨慎……谨慎"。我把车停到路边，等一切都好转了，路面安全了，才继续开车。

1973 年年中，我在很多商品市场都体验了这样的不安。我印象中什么都高：价格高、成交量高、持仓量高、风险高——太高了。

当年，纽约证券交易所的经纪公司"发现了"商品市场。他

The Professional | 职业期货交易者 |
Commodity Trader

们发现用同样的保证金，商品交易者贡献的佣金比股票交易者更多，而且同样的佣金做商品交易赚的钱比股票更多。商品交易所也明白了这个道理，他们鼓励证券经纪公司把业务范围扩大到商品交易，就像图19中的广告一样：

图 19

| 第12章 |
比知道何时交易更重要的是什么？

这个广告是成功的。因为根据 1973 年 1 月 29 日《巴伦周刊》报道，"华尔街的统计数据和他们纷纷增设商品部门表明商品是城市的新游戏。"

个人投机者关心的是利润，而经纪公司关心的则是佣金。难怪我的脑海中会反复出现"高速公路"的灾难：

克罗说：太挤了，谨慎……谨慎……谨慎！离市观望一段时间。让其他玩家自己"享受"这个"游戏"吧。

# The Professional Commodity Trader | 职业期货交易者 |

他们是如何"享受"的呢？1973年7月7日《华尔街日报》报道："又一家英国公司在本周发现可可太不简单了。"威廉·贝尔德公司和郎特里·麦金托什公司这两家英国大公司在一周内分别亏损了380万美元和5000万美元（5000万美元的亏损后来又增加到7800万美元），他们都是交易可可期货亏损的。郎特里的董事长对亏损做了解释："交易员太大意了……一名交易员坚信市场会朝某个方向走，但实际市场正好相反。"我不得不说，他们真是大度啊！他们应该阅读第4章。

同时在纽约，华尔街观察家们发现，1973年，在众多的证券公司中，有两家老牌投资公司不太情愿地被兼并了。有趣的是，虽然商品交易是这两家公司的小头，他们却都是因为商品方面的失误而破产的。他们的客户在大豆上涨时做空被套住，面对几个连续的涨停，他们没钱（也不会）交保证金了。这两家公司只好为客户交保证金，他们因此而破产。

类似的灾难还有很多。如果这么经验丰富、资金管理能力强、专业的公司表现都如此之差，那么就可以想象大部分"业余"的投机者是如何度过这段时间的。

1973年6月1日，极具声望的商品研究局做了如下市场评论：

最近几周的疯狂买入似乎控制了期货市场。面对史无前例的

## 第12章
### 比知道何时交易更重要的是什么？

涨停，脆弱的芝加哥期货交易所召开了几次紧急会议。芝加哥期货交易所发现黄金也创了新高，我们真应该重新阅读麦凯写的《惊人幻觉与大众疯狂》。我觉得现在的市场状况就是著名的经济疯狂，就像是"密西西比幻想"和"郁金香狂热"。因为大众行为是非理性的，无法提前知道大众何时由爱变恨。我用伯纳德·巴鲁克的话来说明如何保持平衡冷静："即使价格在螺旋似地上涨，令人头昏眼花，我们也要不停地重复，2加2还是等于4。"

每当我看着商品价格图表，就会增强在1973年中持有赚钱仓位的决心。图表20—22是这段时期很多市场的典型走势，说明要在这些市场成功交易困难重重，让人受挫。

The Professional | 职业期货交易者 |
Commodity Trader

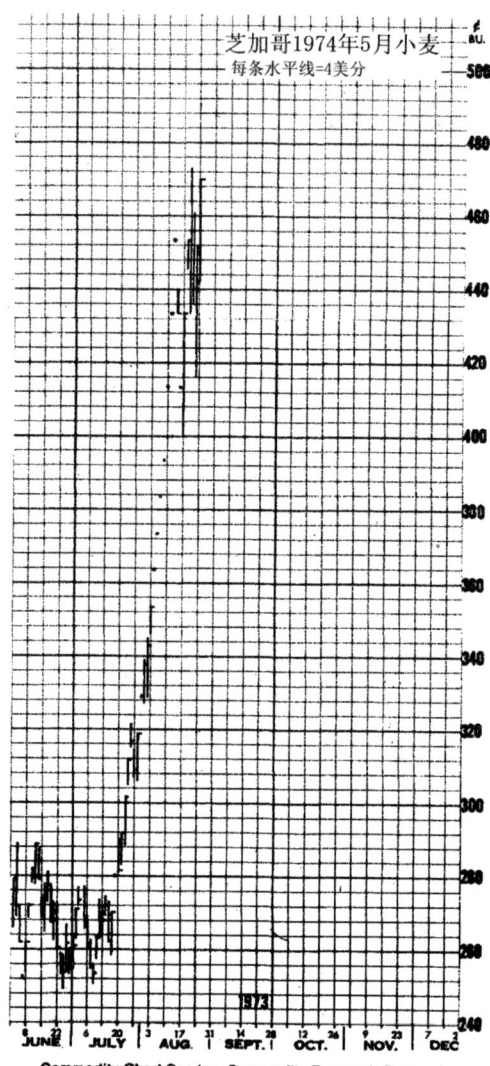

图 20

| 第 12 章 |
比知道何时交易更重要的是什么？

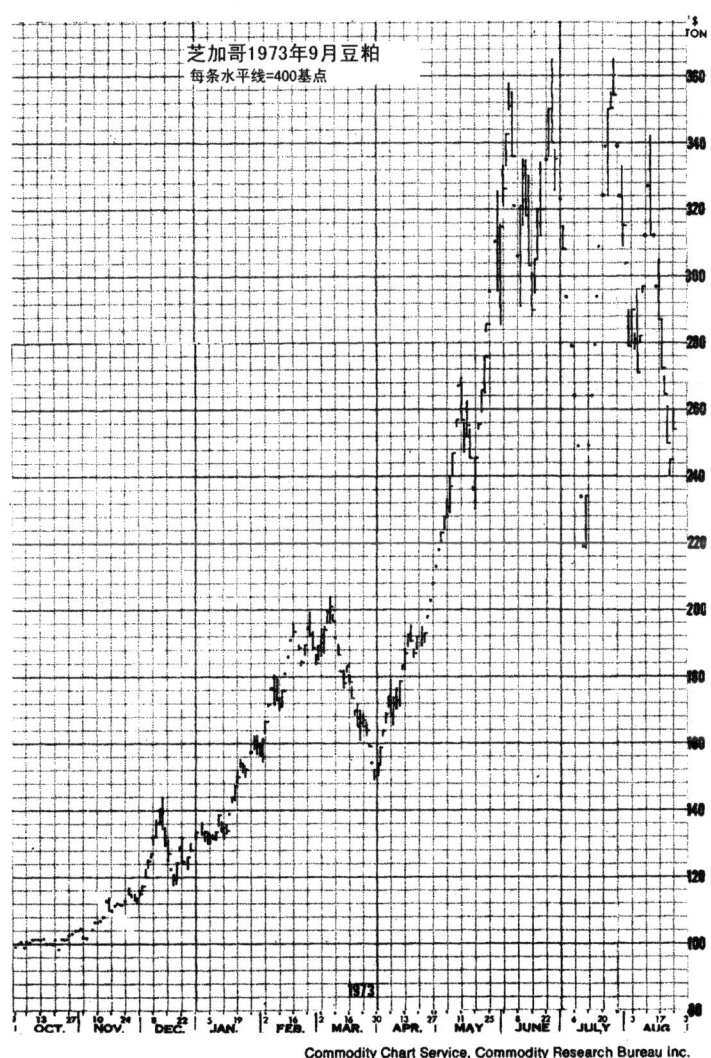

图表上的点代表涨停或跌停，当天交易少，或者没有交易。

**图 21**

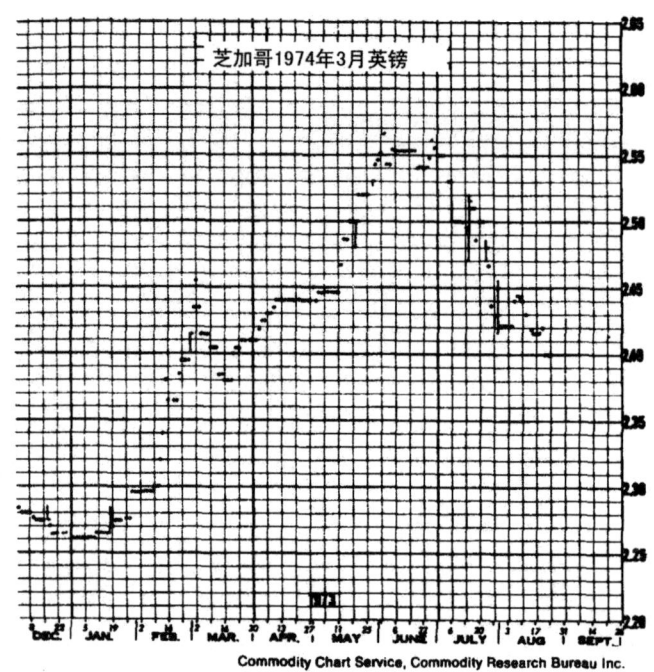

**图22**

在这些疯狂、无法预测的市场中,华尔街最成功的专业人士在做什么?

RW:度长假。

JM:如果市场太疯狂,就不要玩了。如果你想玩,扭伤脚踝是正常的,别把脖子扭断了。否则,你就永远别想玩了。

一家著名商品公司的市场研究报告总结了当时的状况:

我们看到了无数的涨停……上涨途中很少有回调,这说明投

| 第12章 |
比知道何时交易更重要的是什么？

机的泡沫还在最后形成中。如果泡沫破裂，愚蠢的多头就要忍受暴跌的结果了。到底是什么时候，我们也不知道。不需要任何政府干预，只要过分超买就会跌。我们建议阅读《惊人幻觉与大众疯狂》一书，看看以前荷兰的郁金香狂热是如何在一夜之间结束的。

克罗的建议更简单：如果怀疑，就离场观望。

# 第13章
# 诚恳的建议:"帮我们买2000份铂"

1973年2月14日周三上午8:30我看着电梯里安静的黄色小灯指示楼层——32……33……34……电梯在减速……35……36……门开了。我小心安静地走出电梯。前厅大概有30英尺长,大铁桌前台后面是穿蓝色工作服的接待员。当我走进时,他紧张地看着我。我才走了一半,他就按了一个按钮。与此同时,两个蓝色的灯在他的控制台上闪烁。他示意我坐到前厅尽头的蓝色密斯式巴塞罗那大椅上。

我不停地问自己,为何这么奇怪。两天前的周一晚上,当我接到电话后,我就一直在等。1972年,我和一个叫阿尔伯特的银行家做过生意,就是他给我打了一个越洋电话。在我的印象中,他的话语精炼且直切要点。他说周三早上8:30他的两个同事会和我见面,讨论"某些事情",所以我立刻把地址记住了。也就是在那里会有个交谈。我记得纽约的晚上9：00就是欧洲的早上2：00。阿尔伯特不是夜猫子，肯定是有重要的事才让他工作到很晚的。

我说："好，我会去的。"

我根本没时间清清嗓子，我紧张的时候就这样。前厅另外一边的小门就打开了，那位不爱说话的蓝衣接待员示意我进去。

走廊很长，差不多有6英尺宽，地毯很厚，散发着荧光。走廊尽头有一扇门是开的，我想这就是我的目的地。确实如此。

在大型的红木圆形会议桌旁坐着阿尔伯特的两个"同事"——P博士和G博士。P博士直接说到要点："克罗先生，你知道这是什么吗？"他手上拿着一个小东西问我，"我的同事（他好像说的是同谋？）和我想在交易所买入2000份铂合约。"然后他就沉默了。

该我说话了。我说："太好了。但为什么要搞得神秘兮兮的？拿起你的电话，打给美林公司，告诉他们你要买点铂，他们会很乐意帮你做事的。"现在该我沉默了。

P博士向前倾了倾，清了清嗓门（所以他也很紧张），"但是，你看，克罗先生，我们想在150美元以下买入所有的1月期货。"

斯坦利·克罗：原来这样。今天1月合约的价格应该是164.00美元左右，市场很强劲。如果他买入2000份合约，可以很快就把价格抬高到180.00美元。

P博士：你能做到吗？

斯坦利·克罗：你们有多少钱？

## 第13章
### 诚恳的建议："帮我们买2000份铂"

P博士：你想要多少钱？

斯坦利·克罗：（他不是在开玩笑吧。）你在开玩笑吧？

P博士：我有开玩笑吗？

斯坦利·克罗：（他不是在开玩笑！）

（长时间的沉默。）

P博士：你能做到吗？

此时，我们都清了清嗓门。

先谈谈细节：

斯坦利·克罗：好的，好的，我能做。400万应该够了，但为了安全我要800万。另外的400万作为我们的保险。我们把600万投入到债券，债券可以当保证金用，剩下来的200万以防万一。

P博士：很好。你如何下单？

斯坦利·克罗：我和场内经纪人有直线电话。我会和3家大经纪商，两家大交易商建立专线。你有什么公司推荐吗？最好要有交易所席位——不会亏损佣金。

G先生：我们会为你准备必要的住处。

斯坦利·克罗：好。你要向我汇报所有的情况，今天晚点再谈这个。现在谈钱，钱在哪里，怎么给我？

P博士：我们会通过这3家银行（他给我一张卡片，上面打印了3家银行的名字）。今天下午1：00收市前，我们会把必要的资金转给你。

斯坦利·克罗：顺便问一下，阿尔伯特知道吗？我今晚可以和他确认一下吗？

P博士：知道，你可以确认。

斯坦利·克罗：（他肯定不喜欢乱说话。）好的。明早就开始。伦敦铜的价格在 70.10~72.30 之间，白银涨了 10 便士，我预测纽约白银的开盘价要比前一个收盘价高 300 基点。如果想大量持有多头仓位，还不想把价格抬上去，这办不到。

G先生：你的意思是市场太挤？进不去？

斯坦利·克罗：是的，确实很挤。每天的成交量都是 500，持仓量也接近 7000。我们要加速，让它蹦蹦跳跳，让价格震荡起来。下个月左右，你们会发现每天的成交量超过 1000，持仓量超过 8000。如果我们的确想在 150.00 以下买入 1 月合约，我们就要先知道市场会涨到哪里，真正的高度。我希望市场都在流传多头的故事，在高价位（比如说 175.00）有几千多单进来，也许涨到 190.00~200.00 更好。我们要为人们画看涨图，及时散布多头新闻。如果市场在技术上准备好了要涨，这些催化剂能把它推高 400 或 500 点。我想我们可以在一些关键价位把一些人洗出来。我们将会看到，当市场最终超买就会下跌，就像纸袋破了，垃圾散落满地都是。

G先生：然后我们就买，是不？

斯坦利·克罗：是的，然后我们就买。但你要有东西来帮助市场来回震荡，你知道吗？就像上下按摩那样。

（P博士微笑着靠向椅子后背。他知道什么意思。我想我开始

## 第13章
### 诚恳的建议:"帮我们买2000份铂"

喜欢他了。当我告诉他们如何操作时,P博士一直在笑。我想他是好人,他根本不害怕。)

斯坦利·克罗:我的提成很简单。用交易席位交易节省下来的佣金,我要分一半,再加上整个交易净利润的15%。(我估计会有30万美元,这笔钱值得我去"画"图。)

我的两位新"伙伴"都在笑。半小时都没有清嗓子了,好兆头。他们向我伸出手来。成交!


**补充说明:**

我已经讲完了这个故事。我还要说一件事:这个故事并没有发生——至少对我而言是这样的。

所以,请原谅我虚构了这个情节——本书唯一虚构的部分。我这么做,首先是因为我喜欢编故事。但主要是因为我想你们都喜欢看到商品市场是如何被人为控制的——看到这个虚构的情节和现实是多么的吻合,下一章会描述的。

# 第 14 章
# 交易铂的人赚了

第 8 章结尾谈到了铂交易，我当时持有 200 份铂多头合约，看着市场上涨，希望（7 月合约）市场涨到 166.00 以上，这样回调到 154.00 附近时再买入 100 份。虽然我不能肯定铂一定会涨，但是我能肯定上涨后一定会快速回调。每当大经纪公司看涨、买家买入时，一些"小"的洗盘就发生了——他们是在谋杀。

2 月 12 日到 3 月 2 日的 3 周内，铂一涨再涨，绝对让死对头都瞠目结舌。3 周内上涨了 4400 基点（等于 50 盎司的合约能赚 2200 美元）。成交量很大，每天超过了 1000 份合约，持仓量也很大，达到了 8700 份合约。虽然强有力的持仓量说明有人要把市场推到更高，但我觉得不真实。价格都这么高了，还有谁想把铂价推到更高？没有明显的逻辑。

3 月 2 日周五，市场开盘时有个巨大的 800 基点跳空缺口（7

月合约的开盘价是 186.00），估计是开盘时经纪公司的买单太多，都挤进来了。这也不符合逻辑。过去 6 周以来，铂上涨了 40 美元，他们还让客户做多，为什么？

7 月铂会不会到达 195.00 这个价格目标呢？我不敢相信由投机盘推动的市场会有这么大的力量，我想在 190.00 附近把 200 份合约全部平掉。后面发生了什么？就不吊你们的胃口了。当然，市场在我平仓后就下跌了。市场变弱，当天收盘收在最低价。这是典型的反转日：成交量大，开盘缺口是历史新高，收盘时收在当天最低价，比前一天的收盘价还低。我想这就是回调。也许会有大洗盘，但上涨趋势不变。仅仅是小趋势下跌，大趋势还是上涨的，所以我要坐好，并持有仓位。我是不是在预测这种行动？记住，当（7 月合约）收盘价在 166.00 以上，我期待一个回调，等回调时再买入 100 份。回调真的来了。

我预测下跌到 154.00～156.00 之间。市场在这个区间应该会找到很好的支撑，这个区间也正好是从 136.00 上涨到 186.00 后再回调的 50%。

当市场下跌时，我坚持我的观点，耐心等待买入的机会。我一直在思考杰西·利弗莫尔的建议：

我学到了……建立仓位并持有它。我可以等，没有丝毫的不耐烦。我知道一定有反弹，这只是暂时的。我做空了 10 万股，我知道一个大反弹即将来临。我计算过了——结果很准——这么大

## 第14章
## 交易铂的人赚了

的反弹是不可避免的,更糟糕的是,会改变我那100万的浮动利润。我坐在那里,看着一半利润被洗掉了,从没有想过要先回补,等反弹时再做空。我知道,如果我这么做,我也许会失去我的仓位,这绝对是可怕的。正是大波动才为你赚大钱。

3月9日周五,铂的开盘价是157.00,然后就下跌,收盘价是149.60。根据我的计划(详细内容在第8章),我在回调时又买了100份10月合约。我没买7月合约,7月合约快到期了,我不想买太多。我预测的154.00这个支撑点没有实现,我非常生气地看着市场又跌了1500基点,跌到了140.00附近(7月合约),这样就打击了大量的买盘。

接下来的6周让我不安,坐在"无声"的市场中,持有300份多头合约,看着价格在140.00~150.00之间震荡。成交量减少了,平均每天500份左右,大众投机者再次毫无偏差地犯错。本来应该看涨到170.00以上,但在145.00以下胆怯看跌。很显然,大众投机者都在回调时平掉多头仓位,3月2日到5月4日之间,持仓量从8700份减少到6300份。

但很明显,市场中除了"小牛仔和小熊仔",还有其他人。虽然看不见他,他很想找时间表现一下自己。一方面有些人在150.00左右交出了合约,他有无限多的资金以支持自己的市场观点;另一方面,他只是不停地买入合约,也许也会在140.00附近回补。

这 6 周内有 15 000 份铂合约换手,是整个市场合约数的 2 倍。难道是多头合约被无情地从弱势的一方转到了强势的一方?但为什么?谁是买家,他们为什么如此固执地支持市场?

没人关心为什么!我的观察和直觉告诉我,市场将会大涨。就让理论家和分析师们去解释原因吧。我很明确地感受到要涨。很快就会涨!

所以,我就坐在那里,当然也很紧张,但我知道我没错。7 月合约在 140.00 的买盘、10 月合约在 144.00 的买盘、1 月合约在 148.00 的买盘都一致,我感觉这些价位的卖单迟早会消失。卖家会投降,市场会发展到新的阶段——上涨阶段。

4 月 16 日打破了长达 6 周 140.00~150.00 的震荡,7 月合约跌到了 136.00,在那里待了两天,然后又开始波动。这看起来很像是典型的底部运动,专业的交易者在打压市场,以激活市场下面所有的止损单。止损单并不多,两天的成交量是 1050 份合约,这更加支持了我的观点,市场被超卖,即将恢复。但是会恢复到什么水平呢?(图 23)

我们现在持有 300 份多头合约,在这么小的市场中,考虑到无法预测和非理性的波动,300 份合约仓位太多。也许是太难预测、太不理性。这个市场已不再适合我,我想出场。最大的问题是:在哪里卖,如何卖?

# 第14章
## 交易铂的人赚了

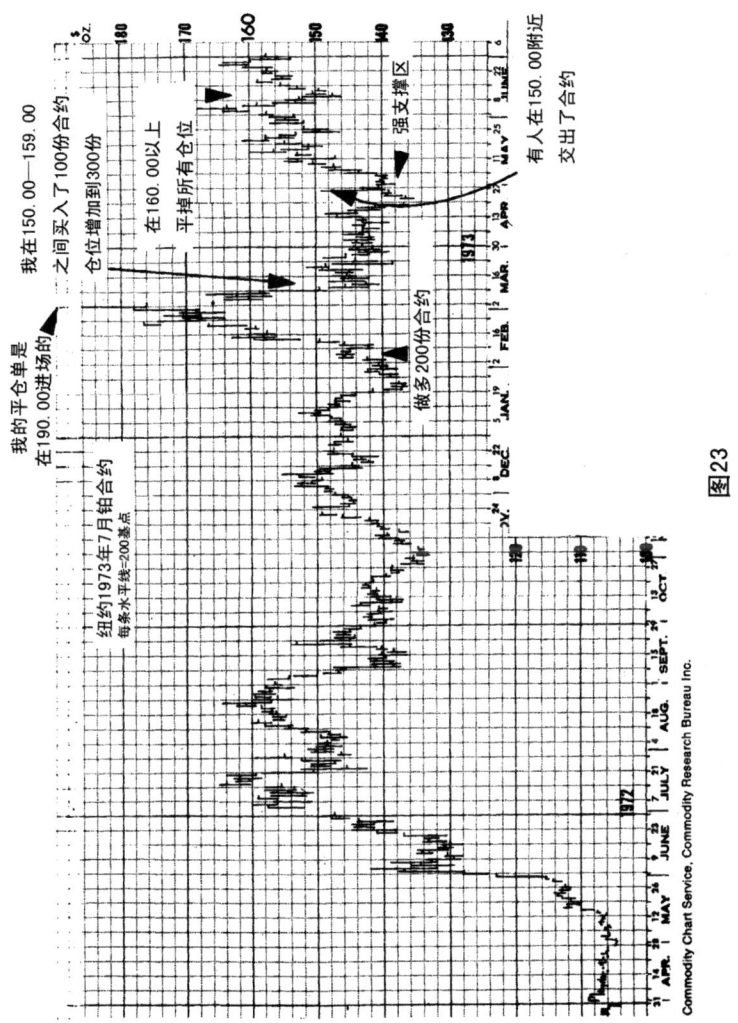

图23

因为市场在跌破140.00以后没有什么进展，我的直觉告诉我下一步就会突破150.00这个阻力区。这个反弹会让很多交易者吃惊的，价格从186.00下跌到136.00，再反弹50%，就会到160.00（7月合约）。市场会在165.00遇到主要的阻力，我将会为卖压作点贡献。

市场很疯，但是它通常按照这个路线走。7月合约反弹到160.00，回调到149.00，再反弹到161.00，再回调到146.00，再涨到168.00，再跌到146.00。看出来了吗？（见图23）

6月4日这周，我在160.00以上平掉了7月合约。我的铂仓位减轻了，我就可以放松一下，并找一个好机会把10月合约也平掉。实际上，我已经卖到了"可以安心睡觉的水平"，这样就轻松了，等市场出现对我有利的机会。确实如此。但我也听到了其他市场力量的声音，其他贵金属都很强势，这种力量传到了铂市场。譬如，白银涨了60美分，黄金每盎司涨了30美元。

当铂市场反弹时，我开始找机会卖。我是不是要取消平仓单并坐等呢？也许要多买点？噢，不。不要再无聊了！因为市场上涨了，我又开始看涨了。挺住，克罗，坚持原计划——这才是合理的。所以我决定在180.00附近再买点10月合约，这样总仓位的平均成本可能是170.00~175.00。

成绩并没有想象的那么理想，我有点失望，因为我的仓位让我感到痛苦。当我把最后的仓位平掉时，我很高兴，我长长地松了一口气。哦，我要给自己放几天假去航海，我想这个休假是我赚来的。

# 第 15 章
# 经纪人"指导"你——但是谁"指导"经纪人？

"温斯顿先生，我们的研究部门认为猪肉会涨。你也许可以考虑买点 2 月猪肉合约。"

"帕克夫人，你的白银空头仓位看起来很脆弱。我建议你用保护性的止损，或者现在就回补 3 月白银。"

"拉金先生，现在什么都不要做，但其他经纪人做了大豆，可能也适合你。"

"汤姆，你看，如果你不交保证金，你就要在收盘前平仓。否则他们会在明天开盘时帮你平仓。"

你肯定从你的经纪人那里听到了各种各样的建议。但是，如果他们自己做商品生意，他们会找谁要建议？有时候他们找我。

随着商品市场的火爆，股票市场则显得没有利润，华尔街证券公司的注意力都转向商品。但是华尔街的专家们行动缓慢。他们过去总是过早地跳入风险的火坑，被烧了很多次。

纽约投资协会是由大约600个华尔街的年轻高管们组成的，他们邀请我在1973年秋季的演讲会上发言，我的题目是：《华尔街如何面对商品，如何做商品?》

这是我演讲中最中肯的地方："金银穿入了猪腩或者华尔街发现了商品。"

为什么华尔街投资公司要进入商品交易生意？最明显的原因就是能赚钱。相对而言，商品经纪的佣金收入比股票或债券高。我们来看看华尔街为什么要做可能赚钱的商品经纪业务：

交易发生在几十个市场，成交量比股票大。

同样大小的账户，商品交易账户产生的佣金比股票账户多。一年时间内，活跃交易者产生的佣金会和他的资金一样多。伊利诺伊州立大学研究了一个大型经纪公司的情况，从1970年到1971年，这个公司客户赚了260万。然而，佣金却有800万，这说明客户净亏是540万。我当然希望数字是对客户有利的。

商品的交易结算工作比股票简单。如果说股票交易有66个步骤，那么商品交易不超过12~14个步骤。因此，商品佣金生意操作起来比较便宜，可以节约很多成本。

最后，大众被商品吸引，所以交易者比较容易进入商品市场，而不是股票市场。如果你表示怀疑，请这样想：一个商品交易者可以用5000美元交易价值5万美元的白银，既可以做多，也可以做空，一个完整的交易包括买入和卖出，所需要的佣金是45.50美

## 第15章
### 经纪人"指导"你——但是谁"指导"经纪人?

元。如果他做日内交易,总佣金仅仅是23美元。相比之下,如果一个人要买卖200股250美元的股票——保证金是2.5万美元,买卖的佣金是300美元,做日内交易不打折。

对于商品交易者、投机者、套期保值者、跨式组合税者,经纪公司会在衡量风险和回报的基础上决定为谁提供服务。在所有业务中,商品经纪业务有积极和消极的因素,其他三种不同业务也是如此。综合考虑这些因素,你会和哪种客户打交道呢?

### 投机者

正面:这是最简单的生意,佣金高,客户周转量大。而且,投机者都不是交易所会员,所以佣金可以全额照收。

而且,经纪公司还可以把客户暂时不用的钱投入债券以赚取更多利润,在有些交易所,可以把所有资金投入债券,它们可以当保证金使用。

负面:如果商品交易失败,经纪公司可能会有账面损失。我记得在1963年,我有一个很大的客户准备涉足白糖。他的白糖确实让他赚了一点利润,但是有人建议他平仓了,两天后,市场暴涨。我从没见过这么生气的客户——没人能安慰他,他撤出了在这个公司的所有资金。

而且,如果商品账户亏损(在如此波动的市场,这样的事很容易发生),不管客户认不认账,经纪公司都要向清算公司负责。

实际上，一些纽约证券交易所的公司（包括最大的公司）都在1973年遭受过巨大损失，因为他们的很多客户做空大豆，而市场却连续来了12个涨停。

## 套期保值者

正面：客户通常都有经验、有资金，比一般投机者负责任。经纪公司不必担心他们的交易决定，他们即使亏损了，也不会拖累经纪公司。优秀的套期保值者知道大豆比土豆好在哪里，而股票持有者就不知道通用汽车比福特汽车好在哪里。

负面：很难找到这样的客户，因为这样的客户很少，几乎所有的经纪公司都在找他们。

很多套期保值者是公司，也是交易所会员，所以他们的佣金打五折。一些交易所同意经纪公司给套期保值者更大的信用，所以经纪公司必须有足够的资本才能面对这种生意。

## 跨式组合税者

正面：因为客户总是同时做多或做空，所以经纪公司可以调整仓位以平衡客户和公司的风险。这么做是需要技巧的。另外，经纪公司对跨式组合税交易收取的佣金非常高。

负面：保证金低，仓位高，所以必须非常小心地关注仓位。

| 第15章 |
经纪人"指导"你——但是谁"指导"经纪人？

而且，有些过度热情的业务员会错误地给客户建议，会导致意外发生，这是一个风险。我建议经纪公司安排有经验的人帮客户处理跨式组合税生意，而且所有的交易要有客户的顾问做确认。

可能你已经迫不及待地要进入商品生意了。你已经衡量了正面的和负面的因素，你有很多资金，你有能力很强的执行者，他们有激情成为商品经纪人。你的一些忠心客户已经开始询问商品交易的问题了。

你如何把你的公司扩展成商品生意呢？如果只需要很少的前期工作，相对低的经费，客户吵着要做商品，那么你就会觉得增设一个部门是很简单的，对吗？

错。

在你去交易所办证、培训人员之前，你要问自己几个简单的问题：

1. 公司的真正动机是什么？是不是短期的冲动，想做热门生意，没有做全面的考量。如果是这样，就别做了。如果你没有想清楚，那么你会被扫出门，去做另外一个商品生意——卖苹果。

2. 公司必须研究并明白这个生意，设定理想的目标和方向，对资金、人员、研发、设备都要做出必要的评估。

具体地说，公司必须考虑以下内容：

(1) 目前它算什么样的生意。如果你做了整体研究，你也许会发现你不一定想开经纪公司。有人会建议你做套期保值或跨式组合税的生意，这两门生意都不需要销售人员。如果你想做零售，你的客户是超级大客户，还是超级小客户，是投机者，还是保守者？

（2）有没有安排有知识、有决心、有经验、全职的管理人员来监控商品操作？如果你只知道拖拉机知识，你也是无法去卖雨伞的。1963年，我和纽约证券交易所最大的会员公司资深合伙人会面，我要应聘一个很大的商品部门的经理职位。我被聘用了，因为这个资深合伙人说："我们已经有了一个商品部门的经理"。然后他把我介绍给他的"经理"，资深合伙人是这位经理的叔叔，这位年轻经理天天和他叔叔在交易所场内，然后下午3点回到商品部门做"管理"工作。当这家公司做商品破产了，我并不像其他华尔街观察家那么惊讶。

（3）目前公司的研究哲学——是否和商品市场相符合？

要想建立具有竞争性的商品部门，必须具备这些前提：

1. 监管条例要求公司必须每年到商品交易管理局注册成为期货经纪公司，年费是200美元，每个分支机构加收6美元。购买商品交易管理局的管理条例并认真研究。条例要求用特定的方法分开处理客户的资金，如果不遵守，将会有严厉的处罚。有几家大型的经纪公司因为没有当天做账而被商品交易管理局严惩。有人会认真监视公司对客户资金的处理、分离和做账。

2. 除了要成为交易所会员，做商品生意还有以下三个方法：

（1）如果不是交易所会员，这样就没有佣金收入了。很显然，这不行。

## 第15章
### 经纪人"指导"你——但是谁"指导"经纪人？

（2）如果不是交易所结算会员。公司保留一半的佣金，结算会员保留另外一半的佣金。

（3）如果是交易所结算会员。公司能保留所有的佣金，场内经纪费用和结算费用都比较少。

以下图表4说明了上面的讨论：

**表4**

|  | 费用 | 猪腩 | 白银 | 大豆 |
| --- | --- | --- | --- | --- |
| 非会员 | 全额佣金 | $46.50 | $45.50 | $30.00 |
| 会员（不结算） | 一半佣金 | $23.00 | $23.00 | $15.00 |
| 结算会员 | 场内经纪费加清算费 | $3.50 | $5.50 | $3.50 |

商品经纪公司也可以把自己的客户以记名的方式给其他经纪公司做，或用多个账户操作。这个方法和证券相似。

个人喜欢购买商品交易所的席位，经纪公司不买席位。成为会员以后，个人可以向经纪公司申请会员的交易资格，但是持有席位的人必须是经纪公司的合伙人。纽约商业交易所的席位费用是1.1万美元左右，芝加哥商业交易所的席位费用是10.5万美元左右，不同交易所的席位费用是不同的。

首先要从谨慎交易开始。也许你想通过记名的方式在其他结算公司交易，等你有了足够的经验再开公司。如果是这样，介绍经纪公司就要对最初的保证金负责，而运营经纪公司则要负责控制保证金。如果你觉得你的公司准备完毕，你的账户就可以转到其他账户，并开始自己记账。

如何准备设备和人员呢？

你必须培训下单员，你的结算公司应该会帮你培训。商品下单和股票下单的区别不大，但速度和准确性，尤其是准确性是非常重要的。

如果你想自动交易，有些公司提供这样的服务，成本不高，你只需要两三个职员就可以完成大量的生意。结算公司也可以帮你。

其次，最关键的还是管理，其中包括：

1. 把这个生意做大，做安全，有利润。

2. 不断地监视和修正交易。

3. 不要总想节省人员！你要找到最优秀的人。

我们要聚焦一下公司的经营理念，并坚持这个理念：

1. 我们所要的企业类型。

2. 谁会帮我扩展商品生意——所有的业务员，还是几个特定的人？

3. 要找什么样的客户，怎么找？

4. 谨慎地管理账户和员工的商品交易。我觉得不重要，至少是一开始不重要。

再次，不要对这个交易有贪婪的想法。重要的是知道何时说"是"，何时说"不"。比如，在20世纪70年代中期，一个交易大户到我的办公室来开户。他说要自己交易。我觉得他不行，不想帮他开户。然后他就开始吹嘘自己的交易多么大："我交易200份合约，你会得到很多佣金的。"这番话让我最终决定拒绝他。他

## 第15章
### 经纪人"指导"你——但是谁"指导"经纪人?

问为什么。我说:"我可以接受20份合约的错误,但是200份合约的错误会让我破产的。"我很高兴这样说。我知道就是因为随心所欲的客户"错误"让几家大型商品经纪公司破产了。

最后,你应该知道如何扩大你的商品生意。

首先,不要想过快发展。你的扩展计划必须合理,要保证销售量不要太大,否则将导致资金不足或结算能力跟不上。

在吸引客户之前,要先保证能让目前的客户感觉不错。

如果你还做广告或演讲,要先研究别人是如何做的,怎样做才能有最好的结果。然后,如果你要推销,要强调你的强项。如果你有贵金属方面的优秀分析师,那么就强调这点。

千万要记住:经营商品生意就像是交易商品。你有可能赚大钱,如果你不行,也会亏大钱。

读者也许会从上面的内容聚精会神,从客户或经纪人的角度来看,进入商品生意的差别并不大。

我讲的内容不但说明了聪明的商品交易,还说明了潜在的投机者在接触经纪公司时所要知道的东西。

这个建议提供给那些商品交易新手或感觉没有得到应有服务的交易者:找时间重新阅读本章,并记下我给商品经纪公司的建议。找出你认为最重要的,并用提问的形式记下来。

当你想到经纪公司开户时,或是你想换经纪公司时,问自己这些问题,看看有没有满意的答案。

毫无疑问,你最后一个问题应该是:"你最近几年的交易记录如何？"不要仅仅对市场报告或纸面的交易数据感到满意，要看到客户真实的盈亏报表。大部分经纪公司立刻会说这是不道德的（很巧的是，他们的客户都亏钱）。但是如果他们把客户的名字都删掉，只给你看数据，这就不是不道德了。如果他们赚钱了，他们就会给你看数据。如果他们没赚钱，他们要么发怒，要么叫你别看。你要自己做判断！

# 第16章
# 轻轻地进入我的办公室旁观

斯坦利·克罗先生

愉快地邀请你在他的办公室旁观

1973年10月—11月

纽约市25大街，643号公寓

从1964年开始，我的操盘基地就安排在25大街，华尔街一栋传统办公楼的一套办公室里。我的办公桌放在10×20英尺的大房间中，房间是玻璃墙的，铺着地毯，里面有胡桃木家具，我可以看见报价间、相邻的图表间、会议室和两个结算室。这套租的办公室共2100平方英尺，有时候我怀疑租金比整栋大楼的砖石外墙还要厚。

我有3个职员，记账和结算功能都是自动的。每天晚上我们把所有数据通过机器传送到数据处理中心。当晚，这些数据被输入IBM电脑，它们奇妙地印出各种各样的交易确认单、买卖确认单、取款确认单和存款确认单，各种最新账单几乎包括了商品仓位、资金表、取款单、存款单和其他账务汇总。甚至包括我们的总分类账。

在工作日，办公室里很安静，相对于附近的吵闹和狂躁，是个休息的好去处。经纪公司或银行的同行朋友经常过来。我往往会问他们来干什么，他们的回答总是这样的："来静静地坐一会儿，回回神。"所以我也不再多问。

我每天不穿夹克，还常常光脚做事：在市场中交易，赚钱，赚大钱。我是如何做的？具体地说，我每天在做什么？

所以，我有了这个主意，为何你不偷偷地走进我的办公室旁观？我会欢迎你的！

## 1973年10月25日，周四

今天是最近经历的最疯狂最不理性的一个交易日。我早上在华盛顿，当我离开纽约前，我检查了一下市场开盘时的指标。我们预测价格都会涨。市场的开盘确实很强——白银涨了300基点，大豆涨了15美分，玉米涨了7美分。很强的开盘！但是当我下午1：30回到办公室时，价格已经跌到了新低。大豆跌了7美分，白

# 第 16 章
## 轻轻地进入我的办公室旁观

银跌了 500 基点，玉米跌了 3 美分。正当我开始检查亏损的时候，又都开始涨了！收盘时，大豆涨了 7 美分，玉米涨了 5 美分，白银跌了点，跌了 150 基点（经历这样的日子，总感觉不是头）。

真正的亮点是胶合板，它涨停了（700 基点）。我正在考虑平掉胶合板的仓位，当天涨停，已经到了我的价格目标，我准备在第二天强势开盘时平仓。

在这样的市场中，你必须非常冷静耐心，让市场朝你的方向走。如果你主观行动，情绪化，你的交易肯定不理性。市场波动越大，振幅越大，你越要保持冷静和放松。有时候你会吓得满身是汗，这就是这个游戏最重要的地方。最后，如果你认为你的市场是对的，你的时机准确，市场就会向你的方向波动。你就会赚很多很多的钱。

我就是这样交易胶合板的。我用很低的价格，平均低于 90.00 买入了大量的 3 月合约。它总是忽上忽下，忽前忽后，当时，每份合约的利润是 2000 美元，我买了 50 手。明天上午我要平仓，再看看市场到底会怎么走。

## 10 月 26 日，周五

上午 10：05：周五一直是我最糟糕的一天。仓位全部对我不利。我努力开窗户的时候差点脱臼。我能感觉到这是难忘的一天！白银跌了 250 基点，活牛跌了 50 基点。我觉得还是去航海比较好，不能做交易。克罗，该坐一会儿了。

胶合板的开盘应该很强，他们可以吃进我的仓位，3月合约开盘大概是118.00。市场到了阻力区，我们的利润是10万美元，上涨似乎要结束了。

中午：上午的预感没错。我看见了明显的红灯——市场创新低了。过去像这么惨烈的周五我都活过来了，挺住，兄弟，挺住。

C从伦敦的主流日报上找到了一篇看涨白糖的文章寄给我。我是在开盘前收到的，我说："今天白糖要跌。"我最害怕阅读报纸上的看涨文章，没错，白糖当天跌了20基点。也许他们下周会写篇看跌的文章，这样白糖就能涨了。

下午1:00：我应该给白银的多头仓位加仓。市场已跌到新低，没什么卖盘了。其他国际品种已开始上涨，白银的下跌已经枯竭了。准备涨了……

"3月白银的报价如何？""293.80对294.00。"

"用市价买入20份3月白银……没错，用市价。"

"是我，什么？以294.00买到了10份3月白银，以294.10又买到了10份。好的，谢谢。"

我已经买入20份3月白银，现在我可以坐下来放松一下。如果市场的收盘很强，比如在298.00以上，我就持有它们。否则，我会在收盘前平仓。

下午2:09：白银最近涨得不错，但是市场好像枯竭了。我可不想带着它们回家过周末，我的仓位太重了，要平掉它们。

## 第16章
### 轻轻地进入我的办公室旁观

下午2：10：好的，我把白银平仓了。看样子今天赚了2000美元。不错，祝周一好运。

## 10月29日，周一

外面的天气阴冷下雨，比较糟糕的一天。市场也是这样打击我的。幸好我周五把白银平掉了，现在已经跌了500基点。如果回调时成交量枯竭，我还要买入。它的大趋势还是上涨的，小趋势到了很好的支撑点。但是选点要小心，我可不想买错了。

## 10月30日，周二

上午11：30（通电话）："市场怎么样？很抱歉。太糟糕了，绝对糟糕！你看，最后几天所有品种都在跌，根本没什么消息。所有的看跌消息都被留着在今天早上放出来。"

所有的看跌消息包括：

对玉米有利的新闻；

刚收割的玉米销售在不断增加；

俄罗斯玉米要大丰收；

阿根廷开始出口大豆；

外国对美国玉米和大豆的需求减少。

最后，秘鲁的报道说他们大量养殖了凤尾鱼。（凤尾鱼富含高蛋白，和豆粕是竞争的关系。很奇怪大豆上涨时没有凤尾鱼。当大豆下跌时，这些聪明的小动物就上场，开始打压大豆市场。这就是游戏！）

下午3：30：硝烟散去。大部分市场今天都创下新低，然后又涨上去了。比如活牛，几乎触及跌停，然后又以涨停收盘，振幅高达190基点。白银下跌了150基点，收盘时又涨了350基点。我一直期待这样的剧烈波动——新闻极度看跌，市场则超卖。也许不会上涨，尤其是芝加哥的市场不会，我们看见了修复。这次上涨，我想平掉一些虚弱的仓位，下次波动时再抓住机会。

一次又一次地证明预测市场是很难的，不管你多么努力。但如果市场对你不利，你要足够冷静，不要慌张，不要失去控制。如果你根据有力的调查和分析真的相信市场会回来并给你平仓的机会，那就坐好，用你的判断下赌注。通常你都是对的。

## 10月31日，周三（万圣节前夕，"不请吃就捣乱"）

中午12：05（打电话给纽约商品交易所场内）："听着，12月和3月的白银报价怎么样？同时，请告诉我白银的成交量。"

"好的，好的，我知道了，12月的买入报价是288.60，卖出报价是288.90。3月的买入报价是293.40。目前成交量是2700份。"

"贵金属都很强，市场的表现应该会更好。白银应该会上涨。如果成交量有任何上升，就告诉我。谢谢。"

## 第 16 章
### 轻轻地进入我的办公室旁观

下午 1:00（再次打到场内）:"请问问周围铜有什么消息——涨得厉害。还有，白银怎样了？"

"好。城市服务公司对铜有大动作。这不算消息——肯定还有其他消息。白银如何了？我想立刻知道。什么，你听见我在说话吗？谢谢，如果有任何动静，请告诉我。"

下午 2:07（打给场内）:"喂……用市价做空 5 份 3 月白银。不，等等，做空 10 份。没错，我用市价做空 10 份 3 月白银。对，谢谢。"

下午 2:20（打给场内）:"做空 10 份 3 月合约怎样了？是的，我在等待你的报告。什么，你睡着了？是的，用市价做空 10 份。5 分钟前收盘了……怎么回事？"

"是的，我在。以 293.00 的价格做空了 5 份 3 月合约……"

"很好，成交不错。另外 5 份呢？"

"在 292.70 做空的。"

"哦，很好……"

"好的，所以说我做空了 10 份，对吧？"

"对！"

## 11 月 1 日，周四

下午 2:30：今天真应该待在家里……这种波动没有任何意义。市场的开盘价没变，然后就是狂涨。正要感觉好点，它又出事了——又创造了新低。好的，我靠回椅背，看着窗外。你知道吗！太阳又突然出来了……它们又上涨了，今天的收盘价没变。想想为什么！

"喂，能不能帮我看看12月、2月和4月活牛的收盘情况？我的报价器不工作了，我急着要出门。你看看白银是否有什么消息。谢谢。"

下午2：50：如果你想整天交易商品，那么你一定很疯狂了。我为什么会这样？因为我上周赚了2.7万美元——这就是很好的原因，是吗？

下午3：05（和紧张的客户通话）："你怎么看白银？很好，我想。我会不会让我的女儿去买？哈哈，很有趣！"

"市场表现真的很好……非常好。12月合约在290.00附近找到了强支撑。周一市场跌到283.00，然后在那里待了几天。我认为他们在吸收卖单，这就是我的判断。然后到了今天，直接上涨，收盘在292.00，把过去几天的空头套住了。白银会上涨……会涨得更高……很快就会！"

下午3：15：库盛刚从欧洲回来，他说那里的经纪人叫他们的客户卖掉白银，等跌了20美分再买回来。哈！现在市场涨了，看他们会怎么说？我估计他们会建议转到欧洲美元。上周的卖家就是本周的买家，最近几周，他们回补了空头仓位后又要去再次买入多头仓位。在不久的将来，3月白银会涨到3.18。如果实现了，下一站就是3.40~3.50。我将在3.40如何行动呢？哈！我应该一

| 第 16 章 |
轻轻地进入我的办公室旁观

直问这样的问题。

## 11月2日，周五（和贾勒特通话）

"为什么周五总是我最糟糕的一天？我应该从周一交易到周四。周五则去做其他的事，比如打乒乓球或调钢琴。我在周五总是无所收获。"

"今天如何？它们跌得厉害……嘣！是的，我的谷物仓位跌了点。活牛早上还好，然后就暴跌了。白银？白银还好。是的，我持有200份白银，它们的表现很好。"

"但是，周末又到了，我们要去航海，玩几个小时。在周一之前，它们无法伤害我了。"

## 11月5日，周一

周末的报纸用整版做各种白银的广告——银条、银饰、银牌，即将让市场充满看涨气氛。不管白银的真实经济面如何，这个心理上的看涨会坚守住价值。市场需要这样的推动力向上推动。今天上午我在开盘时的低点多买了20份白银。如果市场收盘时很强，我会持有它们。否则，我会在收盘前平仓，明天再尝试。我已经有了白银的基本仓位，如果收盘不强，我是不会加仓的，我预测明天会涨。这就是我要的超级优势！

大豆在下跌——它们比昨天的收盘价跌了14美分，真的是一个买入的机会。我"反击了"，多买了5万蒲式耳。半小时后市场稳住了，然后开始上涨。真不可思议！一个多小时涨了20美分。但是它的收盘价和开盘价一样，我就把上午买的平掉了。当天日内交易赚了6000美元，不错的回报。

## 11月6日，周二

我又犯错了，真蠢！早上进来，我想在开盘后的低价位，也就是5.30附近买入5月大豆。我的电子报价板显示5月大豆的开盘价是5.29～5.30，所以我立刻下单以市价买入50 000蒲式耳5月大豆。市场波幅很大，我想会在5.30成交的，也许是5.31。然而，报价板的报价是错的——5月大豆的开盘价实际上是5.34～5.38。我花了5.38买大豆。就像我女儿贝维说的："简直胡闹！"

如果5月大豆的收盘价在5.50以上，那么就容易上涨，我就会持有今天早上买入的仓位。但是如果收盘价很低，我就会在收盘前平仓。我已经有了一个很好的大豆仓位，我不想再加仓，除非市场的收盘价很强。否则，谁愿意一个晚上突然增加5万蒲式耳的沉重负担？

下午2：14："没错，以5.48的价格平仓5万蒲式耳5月大豆。谢谢。"

## 第16章
### 轻轻地进入我的办公室旁观

### 11月7日，周三

上午11:00：噢，今天上午的代价太大了。市场开盘价很低，而我却重仓做多。这种行为是典型的空头陷阱，难怪投机者总是亏损。市场报告和顾问服务几周来都在看跌，严重推荐做空所有的品种。脆弱的交易者会建立空头仓位，我敢保证几天后暴发式的上涨会把这些新建的空头仓位都清理掉。

也许还会有一个回调，但是在未来几个月内，上涨是大趋势。空头表演过火了，想通过短线赚钱。我将利用下次上涨的机会——会持续一两周——逐级平掉多头仓位，然后等再次回调时再买入做多。

下午3:10：萨门泰克刚刚打来电话，他预测能源危机会让股市下跌……道琼斯工业指数至少要跌到800点。我得用心盯着我的市场。在这种艰难的时刻，大部分人都不知道怎么办时，只有犀利的交易者才能赚钱。

### 11月8日，周四

什么？大豆涨停了？没错，我们5月的多头仓位很大。活牛也涨停了。我们做多了2月和4月的活牛，今天上午开盘时，我还在低位多买了20份4月活牛。我要在涨停板逐级平仓。大趋势还是下跌的，我不认为它能长时间涨停。

昨天让我不安的白银已经涨了 200 基点，还在涨。连慢慢吞吞的玉米也涨了 60。今天的行为证明了我几天前的预想——市场要大力恢复了。经纪公司的投机者大部分都是做空的，他们又惨了！

## 11月9日，周五

下午 3：15：我想要谁的头脑？我想要阿曼多的，他是（秘鲁的首领）凤尾鱼。这事绝对奇怪：上周大豆很弱，新闻说凤尾鱼在"组群"，可以捕捉。好了，昨天大豆涨停，没有新闻。瞧，收盘后又有报道了！有人肯定搞错了。根本没有可以捕捉的凤尾鱼。秘鲁也没有同意出口凤尾鱼。实际上，似乎没人听说过凤尾鱼，这说明看涨的消息是多么的厉害。所以，在昨晚的看涨报道出来以后，你怎么看今天的市场？当然是跌停！我保证明天的报道又会说我们的小鱼又回来了，导致渔业大丰收。这就是期货游戏！

我在跌停的时候，又多买了些 5 月大豆。大豆似乎回到了很好的支撑点 5.40～5.45。我保证市场会稳在那里，做空大豆的人又卖错了，它们会把买家带到更高的水平，如 5.70 以上。

下午 4：00（再次和贾勒特通话）："今天白银怎样了？很有意思，我坐在那里想。每到年底就要抢白银，今年的抢购开始了。"

"去年瑞士银行帮忙解决争抢 12 月白银，结果只维持了一周。

# 第16章
## 轻轻地进入我的办公室旁观

当然,今年他们要故伎重演。我想会再次奏效。12 月白银涨了 190 基点,3 月白银涨了 110 基点,5 月白银涨了 80 基点,7 月白银涨了 30 基点。9 月没变……是的,我说没变。差价在变小,我期待年底时 12 月白银比 1 月白银贵。我计划平掉 12 月白银。我觉得这样很好,因为明年会见到价格倒置。不,当然我不能肯定……没人能肯定这个吧?但这是好事。"

## 11 月 12 日,周一(度假前的最后一周)

上午 10:35:芝加哥市场变得前所未有的强势。也许现在的投机者比过去更多,买卖单造成市场大幅度波动。

周五下午,农业部出了一个报告,看涨玉米和大豆。开盘时玉米涨了 5 美分,大豆没变,活牛涨停了。我不觉得活牛能待在这个价位。在这个价位卖压太大了。

中午 12:10:大豆还在那里。它们跌了 10 美分,没有活力。活牛还是涨停的,但是它已经到达我的目标,遇到了很大的压力……大趋势是震荡下跌的。昨天我在涨停价买到了部分活牛仓位,我将把剩余的仓位也卖掉。我放松了——只是小利润,没有我想的那么多,如果你被套,好不容易又解套了,此时就不要抱怨了赶快逃出来吧!

中午 12:50:玉米很强,涨了 5 美分。我不想在这里卖——看起来会涨得更高,也许 5 月合约会超过 3.00。

中午12：55：我们应该坐下来，忍着大豆。没错，今天上午表现不佳，但是大豆会涨的，即使它没告诉我们什么时候涨。市场对你不利，你坐着确实不舒服，但这种情况有时候只是暂时的。另一方面，你也不要盲目固执。如果市场的行为告诉你已经错了，你就必须出场。你要么立刻出场，要么根据短期行为的判断缓急，找机会出场。

下午1：40："大豆启动了，开始上涨。耐心真的会有回报。5月大豆现在是5.44，和昨天一样，但是3月大豆已经涨了3美分。我想我们见过大豆最糟糕的表现，昨天收盘时跌了12美分，这意味着在过去40分钟内它涨了12美分——这就是力量。玉米也再次上涨。整个谷物市场都在涨！"

下午2：00：好的，谷物都在狂涨。真是奇观！玉米涨了10美分锁定在涨停板。大豆从最低点开始已经涨了18美分，所以它涨了6美分，今天还没结束呢。

过去一周小麦表现坚强。几次弱势中都没有下跌，所以当其他谷物开始上涨时，我看见小麦还是无动于衷，我用市价买了10万蒲式耳，价格是3.86。一小时后，5月小麦的价格在3.93附近。我以低于买入价5美分的价格设置止损单，所以我的亏损控制在6000美元。如果收盘价高于4.00，那么趋势就会转而向上，我们真的会看见焰火了。我喜欢这个比率，如果我错了，会亏损6000美元；如果我对了，利润就可能是3万美元或更多。这样的事应该总是发生在我身上。

| 第16章 |
轻轻地进入我的办公室旁观

## 11月13日,周二

上午10:40:你不会相信的!我昨天买的小麦,今天就涨停了。这就像打劫了一户人家,跑回来发现地下室都装满了东西。很不错,但不要太紧张了。

今天所有的谷物都很强,这并不奇怪。过去几周,它们一直在为此努力。我们做多小麦、玉米和大豆,所以,涨,涨,涨!让我们为谷物加油!

上午11:10(和刚从日内瓦回来的福克斯通话):

福克斯:M告诉我的是真的。瑞士银行的买家大力买入纽约商品交易所的白银,9月合约是他们最大的仓位。他声称会接受交割,交割量很大的。这就解释了11月库存大增的原因:空头知道要交割,他们不想犯法,正如他所说的:"吓得连裤子都掉了"。另外,一些大空头希望能打压市场,所以他们可以在未来回补,不必交割。这是一场大仗!

斯坦利·克罗:数据显示如何?

福克斯:今天早上我打电话给M。上帝啊,你必须半夜起来给他们打电话,因为他们在上班。他说本月的库存肯定增加了。大概4个月前,纽约的库存从5100万盎司上升到5600万盎司,然后下降到4600万。现在数字又回到了5300万,还会上升到6000万左右。但是他估计下个月会移走2000万或3000万盎司——这就是2000多份合约。他很自信地说1974年白银会到3.50～4.00美元。

斯坦利·克罗：如果大多头接受交割银条并借此施加压力，那些借白银的空头会怎样？

福克斯：他不知道。他说如果事实是这样，就有好戏看了。他说"大家都知道"空头运进银条是因为白银的库存会降低。所以我说"那么你怎么看市场呢？"我比较喜欢他的表达方式——他说："多头会找机会做个大行情。"

斯坦利·克罗：他们准备涨多少？

福克斯：他们持有了两三年，目标至少是6.00美元/盎司。我问他："你对1974年的供需有什么看法？"他说下次矿产局的月度报告会显示巨量的银条库存。

斯坦利·克罗：我们要尽快行动。

福克斯：是的。他说库存里面的银条会很快消耗完。根据情况不同，将会短缺1.50亿～2.00亿盎司。他说有些人称欧洲银行的银条库存过剩，那是胡扯的。银行明年也需要更多的银条，后年要的更多。

斯坦利·克罗：但他们最终会怎么做？

福克斯：这就像过去的沙丁鱼故事。你知道沙丁鱼故事，是吧？

克罗：没错——我总能看见这样的行为。

福克斯：故事说一个人的仓库里全是沙丁鱼罐头，一箱子卖

## 第16章
### 轻轻地进入我的办公室旁观

50 美元。价格涨到 70 美元，新的买家再卖出去，这样就形成了一个链条，不断有人买卖，有利润，有亏损。最后沙丁鱼"涨"到了 190 美元/箱，最后一个买家被套牢了，因为价格开始暴跌。他决定接受亏损，所以就自己吃……结果发现沙丁鱼罐头已经腐烂了，早就不能吃了。他气疯了，顺着销售链顺藤摸瓜地找到了最初的卖家，拿着变质的罐头质问他。最初的卖家冷眼看着他说："听着，先生，这些沙丁鱼是用来交易的不是用来吃的！"

斯坦利·克罗：但是，听着，福克斯，瑞士银行会不会就是卖家？

福克斯：没错，他们每天都在卖。他们把白银卖给 A 先生，然后 B 先生从 A 那里买，但是通常价格会越来越高。

斯坦利·克罗：但你为什么认为价格会越来越高？即使是沙丁鱼，它的价格最后也见顶下跌了。

福克斯：我也不知道你要多么深入地介入这笔生意——你的运气一定很好。

斯坦利·克罗：运气！我连杰克水手的小游戏都玩不好。听着，也许那些沙丁鱼不是用来吃的，但也不是银条。

福克斯：没错！白银是用来加工、储藏、做期货赚钱的。纽约和芝加哥期货的总持仓量，还是别看芝加哥的了，因为那个市场太小了，接近 16 亿盎司。库存里只有 8500 万盎司合格的白银来支撑这个庞大的期货仓位。用瑞士银行朋友的话说，只有 5%，"非常低"。

比较一下白银和黄金的库存，黄金的全球库存有500亿盎司，随时可以抛向市场。但是白银的库存……每年都在减少，还会继续减少。M告诉我这8500万盎司库存在1974年至少会减少50%。

我们还讨论了拉丁美洲的白银情况。秘鲁是白银的全球主要产地，由于他们鱼粉产业的减产，他们已经把白银库存抛光了。墨西哥也是：最近几个月，我们发现很多的墨西哥白银被运到纽约商品交易所——他们已经把库存降到最低。至少在一年内，墨西哥可能不再是最大的白银卖家了。

斯坦利·克罗：你太好骗了。瑞士银行自然会看涨白银。他们在市场中大力做多，所以他们最希望看见价格上涨。他们没想到要把日内瓦桥卖给你，算是你运气好。

福克斯：瞧，我不好骗。如果我发现了消息，是有价值的内部消息，我会跟着他的。我们必须做决定，就像我们去年那样，我们在48美分这么便宜的价位决定买入铜。我们看见库存很高，我们说几个月就会消耗完的。没错，3个月后……

斯坦利·克罗：我有个不错的小东西，你也许有兴趣买。顺便问一下，最近有家最大的经纪公司预测白银会下跌12~15美分，你记得吗？他们歪打正着，是不是？根据我们的理论，大经纪公司总是错的。他们这次死定了！

福克斯：没错，他们分分秒秒都在盯着市场的小波动，肯定会错过大行情。他们总是关心小波动的佣金，永远不知道通过大仓位大行情赚钱。即使市场在暴涨，他们也还是在做日内交易。

## 第 16 章
### 轻轻地进入我的办公室旁观

斯坦利·克罗：也许……他们不会，他们会吗？

福克斯：肯定！

中午 12：20（和芝加哥的经纪人通话）："以 2.58 卖出 4.5 万蒲式耳的 5 月玉米？没错。以 2.58 再卖出 6.5 万蒲式耳？那我剩余的 1.5 万蒲式耳怎样了？你下单了吗？好的。听着，这个单是在 12：02 下的，现在仅仅是 12：20，才 18 分钟！我知道你问过了。请再问一次。"

在这个疯狂的市场中，芝加哥的速度确实慢。过去我们总是需要四五分钟才能成交，现在要 15 分钟。急死人了。

下午 1：10：今早的新闻说白银的库存增加了 300 万盎司，所以白银又跌了。真是欺诈。白银市场会涨得更高，非常高，投机者被库存增加的新闻糊弄了。11 月所有运进库存的白银将会在 1974 年初被提光，而且是高价。那么就看着白银高飞吧！

流言说大空头把借来的白银运进标准仓库，想打压白银的价格，这样他们好在交易所低价回补空头仓位。我在想这个流言是否是真的。丹尼尔·杜鲁是 19 世纪著名的市场操作者，他曾经说过：

卖自己没有的东西的人，必须买回来，或者去坐牢。

下午 4：30：经过了喧闹繁忙的一天，尘埃终于落定。昨天玉米涨停，今天涨得厉害。由于市场已经到达了我的中期目标，而且碰到了重压力区，我平掉了 1/4 的仓位。等明天走强的时候，我会多卖点。

小麦看起来要大涨，所以我继续持有昨天买入的仓位，止损单设置在保本的价位。我会继续跟踪市场的上涨。

关于大豆，我在5.92卖掉了1/4的（5月合约）仓位。除非我周五出门，必须减仓，否则我不会在这个价位以下卖出。我们大豆的建仓成本是5.60，我会在6.06~6.16强势的时候平仓。市场也许会涨得更高——大豆总是反应过火——但它们还是要下跌的，也许会在5.70~5.80形成头肩底。我会在那里再次买入，买入原来仓位的150%。

剩余的仓位很不错，真的不错。在强势上涨时，我平掉了谷物的仓位，因为下周我要出门。我对现金更有信心。当我回来的时候，市场还在，我总有机会再进场。

## 11月14日，周三

上午11：30（和福克斯再次通话）：

斯坦利·克罗：瑞士银行那边有什么新消息？

福克斯：我今天早上和M通话了。新闻说黄金被放开了，中央银行可以在市场上卖出黄金，我估计今天开盘白银至少跌600~800基点。

斯坦利·克罗：没人在乎你的想法吧？他怎么说？

福克斯：M认为这是一项很好的宣传，对心理影响很大，但他没有看见任何大银行卖出黄金。中央银行——他们一直在市场上卖出。他不认为这说明了什么，至少目前是这样。银行为什么要卖黄

## 第16章
### 轻轻地进入我的办公室旁观

金？他们买什么？日元？法郎？美元？也许是大豆？尤其是因为他们感觉……

斯坦利·克罗：为何不买美元？美元看起来很强。

福克斯：是的，但美元已经涨得很多了。他们能怎么办，追美元吗？为什么？现在都在面对所谓的能源危机。他确实说如果黄金再涨，有些人想退出黄金，转向白银。根据我的回忆，他去年夏天预测黄金和白银的价格比是40∶1——他说对了！

下午4∶30：收盘了，我坐在这里为明天和后面的日子做计划，等我下周回来后要有一些好的策略。谷物上涨的很好，我们做多了玉米、大豆、小麦和活牛，它们都很强。我在市场强势时平仓了。目前我把活牛全部平仓了，玉米平仓了一部分，小麦是在涨停价平仓的，平了一半。我没有卖出任何大豆，但是市场即将到达我的卖单111的价位。跟着这些市场上涨让我感到害怕，因为我基本上觉得还要跌。如果我不在上涨的阻力区卖掉，我在哪里卖？下跌时卖吗？

永远不要因为害怕错过大行情而一头扎进不利的市场。一旦大趋势开始了，他持续的时间比大部分人想象的要长。就像是一辆载满货物的庞大火车，一旦它的速度到达了最高速，恐怕很难让它转向。太早进入一个行情一直是我的问题。没错，经常是成功的，但是压力真的很大。这不是最好的方法。

无论如何，我在平掉谷物以后，如果大趋势将要转而上涨，我会及时回来的。但如果上涨在阻力区失败了，至少我会平仓，不必跟着再次亏损。

消息配合市场波动的行为确实让人吃惊。过去4周，所有的芝加哥期货品种都停止了下跌。但是经纪公司继续看跌，所有的市场报告都继续看跌，连数据服务公司也看跌。所以，看着吧，过去两天市场已经上涨了，从底部起来，套住所有大意的空头投机者。为什么会上涨？因为根本没有消息。

新消息即将出来，空头会怎么办呢？今天的《华尔街日报》有篇文章说："能源短缺，对食品降价的希望落空。"这篇文章继续谈谷物、农产品和牲畜的高价格。如果你基本上根据消息操作，当所有消息都看跌时，你是做空的。突然市场开始上涨了，你不知道为什么。兄弟，你被套了。你不但会亏很多，而且会错过上涨带来的非常舒服的利润。

这种事一再告诉我，你可以去听消息，也可以去研究基本面，但是当你交易时，你应该根据技术来交易。如果技术和市场的主流观点不同，你最好离场观望，或者跟着技术做。消息会迟点出来，以证明价格为什么要这样——消息总是这样。

## 11月28日，周三

上午10：00（和我的代理人通话）："听着，这个解释站不住脚。你们对股票这个'证券'的理解是天真的。证券'安全'在哪里？弗兰兹·匹克把它们称为是'不安全的'。我所认识的股票投资

## 第16章
### 轻轻地进入我的办公室旁观

者都被股市消灭了,我的客户在过去两年把资产翻了三四倍。如果你现在问我的客户哪个市场简单些,他们也许会从他们的经验判断说股市简单些。这取决于你是怎么玩的。"

"你是对的。大概80%的大众投机者在商品市场亏损。但是,他们没有必要亏损。"

上午10:30(和场内及芝加哥经纪人通话):"4月活牛从47.67跌到了47.47,我想买相关的报告。它的开盘价更低了,快帮我追到。"

"3月白银是如何开盘的?我在。涨停开盘。哇!场内有什么消息?"

"有没有活牛的报告?只要你拿到了报告,我就飞过去下单。"

"白银涨停了?好的,如果白银涨停了,那么黄金有什么消息?"

场内的声音:"……欧洲中央银行和私人银行不再卖出了,他们发现有大量的投机者在做空,他们必须回补。当中央银行可以在市场卖出黄金的消息出来后,黄金市场就跌了。对不起……我要挂线了!"

上午10:35:是的,我就知道今天是个好日子。我是怎么知道的?今天早上8:30我去看牙医(我只会为他早起),到了他的办公室时我感觉不好,所以我坐下,张开嘴。当他拿着大针筒进来的时候,他还在东张西望。他看起来有点拖拉。实际上,我不喜欢他的样子。当他站在我面前拿着"东西"的时候,我真的想知道他的收入情况。

所以，我对他说："大夫，你今天早上好像不太舒服哦。发生了什么事？"

"哦，确实不舒服"，他说："我昨天去看牙医，他把我的两颗牙齿给拔了。"

我说："对你有利嘛。"然后他就开始告诉我所有关于昨天拔牙的事（难道这就是早上8：30来看病的理由吗？）

我说："你面色苍白啊。你应该坐下来休息一会儿。你真不应该这么早就上班，我帮你倒杯水吧？我们是否把今天早上的看病取消了？"

与此同时，他手上拿着大针筒问我："你介意吗？"

我真的介意吗？我说："医生，多年来这是我最好的一次看牙医。"所以，我们计划两周后再去看病。

他要如何给我治病？我不知道，但是无论如何，我很高兴他没有给我治病。

8：40我就出来了，太好啦。兄弟，我感觉很好。"今天会是个好日子。"

确实如此……

上午10：42（打电话给芝加哥的经纪人）："是的，是我。在47.60买了10份4月活牛，还有吗？在47.60多买了12份。好的，同样的价格又买了2份。很好。等等……我想多买点……再多买10份4月活牛，价格是……不，就用市价去买。对，市价。好的。谢谢。"

# 第 17 章
# 海上的胜利，
# 或者在维尔京群岛帆船上的"交易"

11月19日，周一，我在41英尺长的帆船上，待在驾驶室里面看令人难以置信的日落。我们在维尔京群岛，约斯克范戴克岛海港沿岸的20英尺深、水晶一般的海面上畅游。我的两个女儿在快乐地和波浪玩耍，对我来说这就是音乐。10岁大的珍妮特坐在我的腿上，我很放松……彻底放松。

我在想，离开纽约2000英里，来到一个没有交易所、电话和报纸的地方，被无数的通讯包围，我到底在干什么？200万的现金、债券、期货，其中有1/3过去是我在谨慎地管理，现在是谁在管理？

我到这里是因为我需要休息。没有人可以在商品市场上日复一日地操作，还能做到有效地赚钱，人是需要充电的。关于谁在管理我的公司？嗯，是市场在管理。

（克罗，你能不能讲具体点？）

先说背景，人们经常问我他们的仓位是太大还是太小。当市场对你有利时，仓位不会显得大。你感觉很舒服，知道价格在为你"工作"，市场在帮你"照顾"仓位。但是当市场对你不利时，无论你持有几份合约，你的仓位都太大了。

所以，由于我有11月16日周五离开纽约的机票，由于计划在两个月前就定好，我有足够的时间安排我公司的生意。是的，市场会照顾我的仓位。计划很简单：对于我的仓位，如果有力的、客观分析显示方向是对的，风险也很小，我就持有。（如果有失误，我可以设置保本止损单。）不符合这些条件的仓位就平掉。

在我出发前不久，我再次研究并在本子上注明，我持有以下品种的多头仓位（当时没有做空的）：5月大豆、5月玉米、5月小麦、4月活牛、12月白银、3月白银和5月白银。

我真实客观地评估了每个仓位，它们都和我的交易战术吻合，符合逻辑。我把我的分析分解成4个部分：

1. 策略结论（出门前写）；

2. 交易战术（也是出门前写）；

3. 实际情况（回来时写）；

4. 市场总结（回来后的一个月写）。

请看具体情况：

# 第17章
## 海上的胜利，或者在维尔京群岛帆船上的"交易"

## 5月大豆

1. 策略结论：大趋势下跌。小趋势震荡。市场在5.20～5.60区域正在形成头肩底。我预测很快就会大涨。如果收盘价在5.65以上，就强烈看涨，套住所有5.20～5.60区域的空头，也表明新的上涨开始。突破5.65以后，我预测会快速上涨到6.10～6.20的水平，然后会快速回调。

2. 交易战术：我们会以5.60的均价大量做多5月合约。如果大趋势下跌，我一般不会持有这么大的仓位，但已经下跌到我的下跌目标，就是个很强的支撑。同时，正在形成的头肩底是强有力的看涨信号，我的观点是市场正在决定上涨。我们将持有多头仓位，止损点在5.30以下（防止灾难发生）

在5.92卖出1/4（如果不是为了出门，我是不会在这么低的价位卖出的）。

在6.06卖出1/4。在6.16把剩余的卖掉。

另外，如果下跌到5.70～5.80，重新进场做多，买入原来仓位的150%。（图24）

3. 实际情况：11月16日，周五，市场坚定地在5.64收盘，泰然自若地准备突破。正如我所预测，它周一跳空，在5.70开盘，这是当天的最低点，收盘在5.78。它已经突破了，注意空头在逃跑！

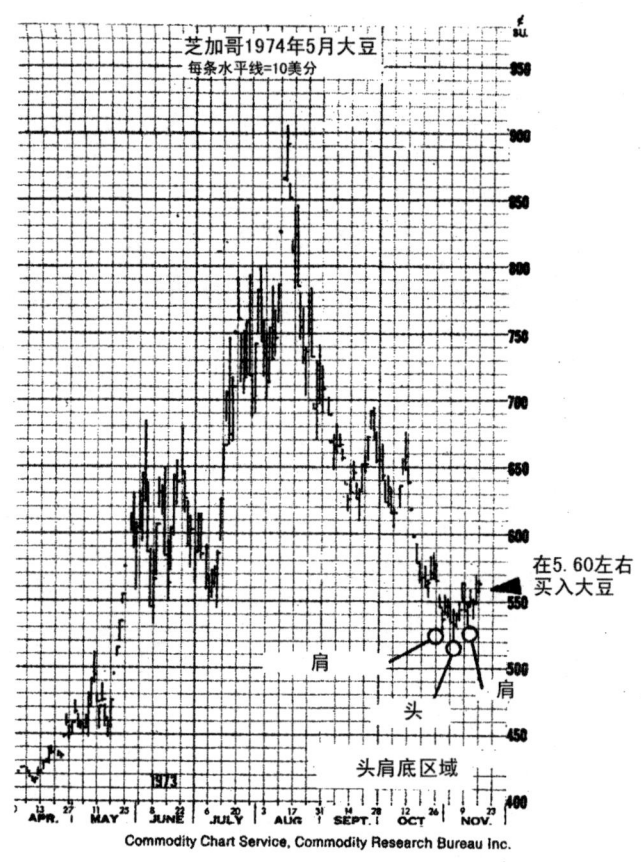

图24

市场整周都在上涨，周五收盘在6.31（涨停）。从上周五的收盘价开始算，涨了67美分。非同凡响！

根据计划，我们周二在5.92卖出1/4的仓位，第二天在6.06又卖出1/4，剩余部分在跳空缺口的6.20卖出（市场缺口开得比我们的6.16卖单还高。）

| 第17章 |
## 海上的胜利，或者在维尔京群岛帆船上的"交易"

看到这次试验的结果，我决定以后要经常去航海。

4. 市场总结（写于一个月后的12月19日）：我想无论你的价格目标多么宽广，大豆总是能超过它，很多投机者喜欢跟踪它。市场飞到了我的6.10~6.20的价格目标，随后又到了6.50才刹车。接着形成两周的震荡，震荡区间是6.15~6.50，但是明显的压力区是在6.20~6.40。12月12日周三，5月大豆收在6.28，两天后跌到5.93，两天亏损了35美分。现在是12月19日，5月大豆还在5.90~5.96区间震荡。

我的交易战术提示，把多头仓位平掉后，我要在5.70~5.80区间再次买入5月大豆（原来仓位的150%）。这个想法基于市场的突然快速下跌。由于市场并没有快速下跌，只是在6.20~6.40间震荡，这是一个简单的主要派发区域，我取消了买单。最近芝加哥的谷物市场看起来不强，所以我决定暂时观望。也许这是个错误，也许我将错过一个大行情，但是在这里买入让我感觉不舒服，所以我决定坐下观望。（图25）

## 5月玉米

1. 策略结论：大趋势是震荡上涨。小趋势是上涨的。我认为目前宽广的震荡区间会延续下去，然后价格才会最终上涨。市场上涨后又跌了一半（从1.60涨到3.20，又跌到2.40），应该会在2.40~2.50附近形成支撑。如果收盘价在2.70以上，那大趋势就

## The Professional Commodity Trader | 职业期货交易者 |

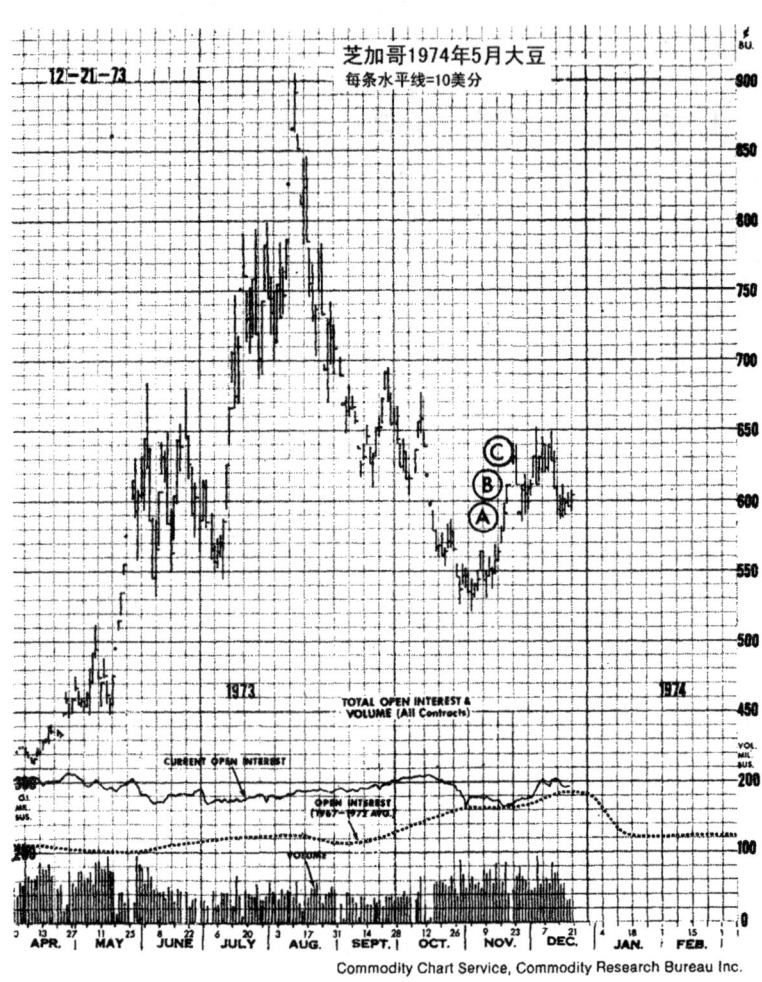

A. 在5.92卖出1/4的仓位。
B. 在6.06卖出1/4。
C. 在6.20以上卖出剩余的仓位。

**图25**

转而上涨了,我预测很快就能实现。我认为上涨在2.90附近会逐渐消失。

## 第 17 章
### 海上的胜利，或者在维尔京群岛帆船上的"交易"

2. 交易战术：我们以 2.55 的均价做多 50.5 万蒲式耳 5 月玉米。考虑到市场天生的潜在力量，我认为我们的仓位很安全。然而，为了安全，我会设置一个保本的止损单（2.56 止损），市场的流动性很好，可以吸收这么大的单子。如果我们没有被洗出场，我会在 2.80 以上下一个平仓单。如果我确实用这个价格平仓了，我会在 5 月玉米回调到 2.60~2.65 支撑区时再买入。(图 26)

3. 实际情况：11 月 16 日周五，收盘在 2.64。随后三天，玉米和其他芝加哥谷物一样强劲上涨，周三到达 2.86 的顶点。3 天内上涨了 22 美分——对玉米来说，表现不算差了。我们周三在 2.80 全部平仓。

我的交易战术提示，在卖掉玉米以后，我们"在回调到 2.60~2.65 的支撑区时"再次买入 5 月合约。与大豆市场不同，玉米在高点附近待了两周多，碰到 2.86 的高点后立刻崩跌了。3 个交易日之后的 11 月 27 日周二，5 月玉米跌到 2.57。对我来说，这看上去是坚固的支撑，我立刻做多，在 2.60 附近买入 20 万蒲式耳 5 月合约。

4. 市场总结（写于一个月后的 12 月 19 日）：5 月玉米在宽广的区间震荡了 3 周，震荡区间是 2.65~2.78。它总是从 2.65 的支撑区向上蹦，但似乎无法突破 2.77~2.78 的阻力点。我们在 2.60 买了以后，我在 2.70 加仓了，平均成本是 2.65 左右。

我看大趋势是上涨的，所以我持有多头仓位。目前宽广的震荡说明震荡还会继续下去，然后价格会最终上涨。如果收盘价高

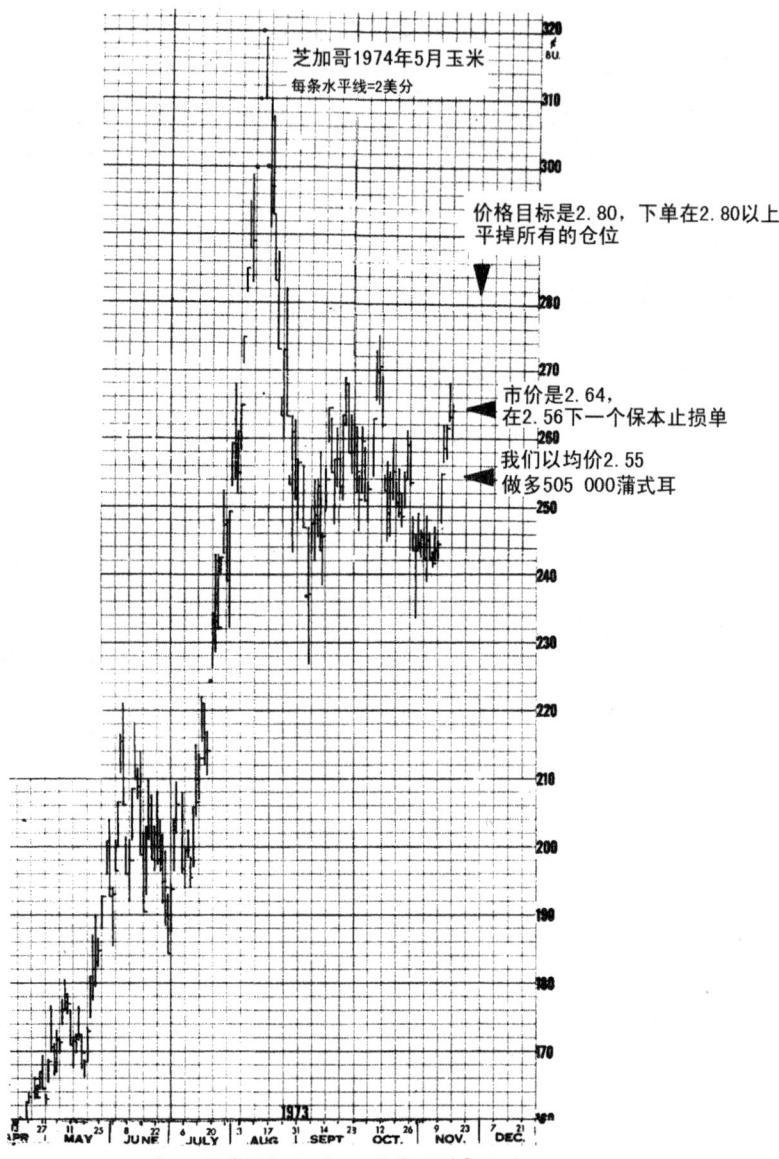

图 26

# 第17章
## 海上的胜利，或者在维尔京群岛帆船上的"交易"

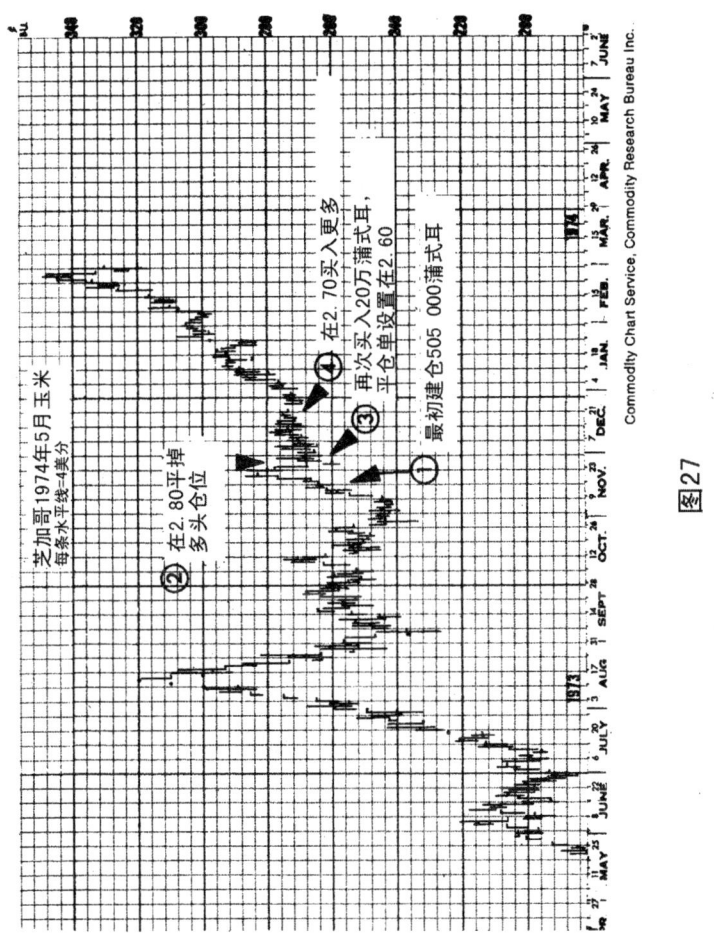

图27

于2.80，那就把趋势决定性地变成上涨，我的价格目标就定为3.00~3.05。根据价格的波动情况，我要么全部平仓，要么平掉一半，剩余的仓位用止损单保护。（图27）

## 5月小麦

1. 策略结论：大趋势是震荡下跌。小趋势是震荡。看起来小麦没有玉米或大豆那么强，但是谷物市场的上涨心理会影响到它。我预测5月小麦会在3.80~3.90获得支撑，但它会涨到4.40这个很重的阻力区。

2. 交易战术：我们在震荡区间的底部3.86附近买入5月合约。我不相信这个市场，不相信趋势很快就上涨。我想在出门前就平掉整个仓位会让我觉得轻松（如果我不出门，我也许会持有它）。目前它的价格是4.10，对我来说足够了。开始行动！（图28）

3. 实际情况：这很简单，我在11月14日在4.05平掉一半的仓位，剩下来的仓位在4.00以下设置保护性的止损单。第二天是11月15日，市场下跌，在4.00附近把止损单激活。哦，还好，我们还是净赚了16美分。

4. 市场总结（写于一个月后的12月19日）：谈谈糟糕的时机，这次最糟糕！在4.00被止损出场以后的几个交易日，5月小麦开始了剧烈的上涨，在12月12日周三直接涨到了5.36。没错，我"抓"到了16美分的波动（每份合约赚了800美元）。但是看看谁逃走了——136美分的大行情，相当于每份合约6800美元。

错在哪里？关于我的交易战术，我看我的主要错误是我的反

## 第17章
## 海上的胜利，或者在维尔京群岛帆船上的"交易"

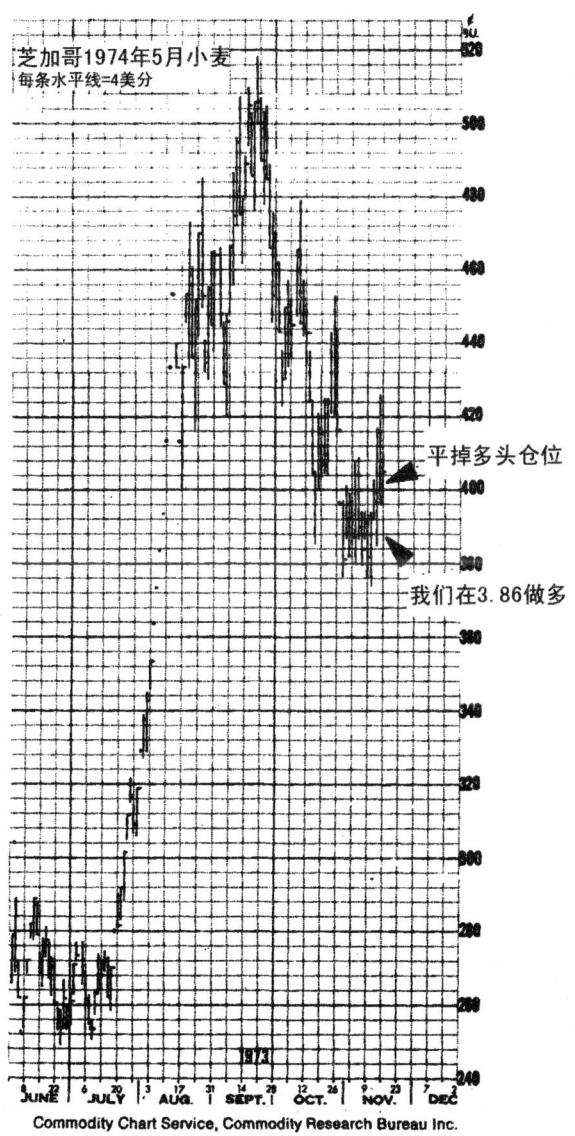

图28

应太情绪化、太主观。比如:"我不相信市场"和"我想在出门前就平掉整个仓位会让我觉得轻松……"我的小麦仓位是在低位附近买的,所以永远不会有威胁。我的建仓交易哲学一直是预测市场将会有一个大行情,我的仓位要相应的"玩"下去。(当然,为了防止市场对自己不利,要保护仓位,但是如果有利,就要坚持持有。)如果我遵守了这个哲学(你知道他们怎么谈论事后诸葛亮?有很多种说法),我不会那么快就平仓的。(图29)

## 4月活牛

1. 策略结论:大趋势是下跌的。小趋势是震荡的。虽然目前我知道市场会在以后形成上涨趋势,但目前看起来很不好。它在顶部的50.00附近卡住了,但是下跌后会在46.00~47.00获得支撑。如果收盘在51.50以上,肯定是很强的,但我不会紧张。

2. 交易战术:我们以46.00~47.00的均价做多4月合约。我不喜欢这个行为,因为大趋势绝对是下跌的。目前看50.00好像是顶部,但市场可以轻松地下跌到47.00,甚至更低。我将在那里(49.00~50.00)平仓,在下周前都不用担心。如果市场下跌到47.00,我想我会再次进场。(图30)

# 第17章
## 海上的胜利,或者在维尔京群岛帆船上的"交易"

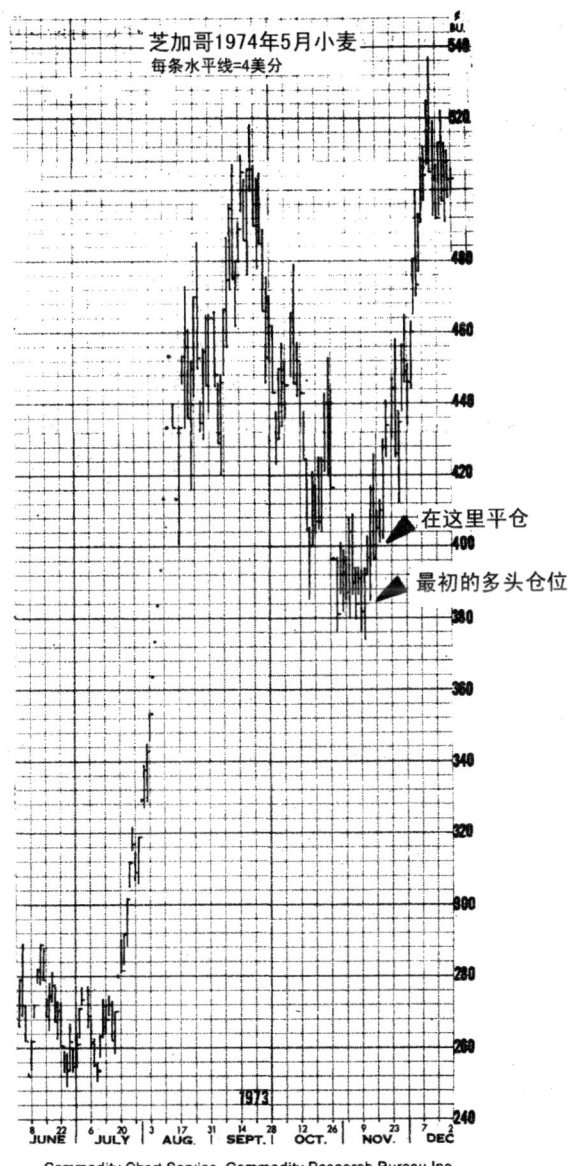

图 29

# The Professional | 职业期货交易者 |
# Commodity Trader

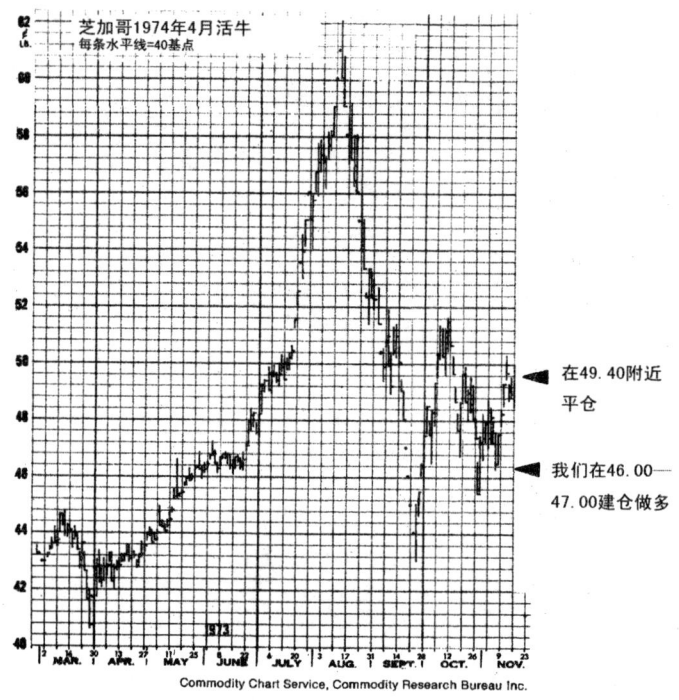

图 30

3. 实际情况：从 11 月 12 日—23 日的两周内，市场一直在 49.00～50.00 之间震荡，让我有机会平掉均价为 49.40 的多头仓位。每份合约的净利润是 200 基点。虽然我在期待更大的行情，但市场的行为"叫我"出场。另外，我总觉得，如果我提前出场，我总有机会再进场。多付出的佣金就算是便宜的保险费。

我的交易战术提示："如果市场下跌到 47.00，我想它会的，我会再进场。"

市场真的跌到那里了，但我没有进场。

## 第 17 章
### 海上的胜利，或者在维尔京群岛帆船上的"交易"

连续两周在 49.00~50.00 震荡之后，在此期间我平掉了仓位较重的 4 月多头合约。12 月 3 日这一周，市场跌到了 45.00 这个支撑区。我又建立了一些 4 月份的仓位，买点分别是 47.40（11 月 28 日）、46.60（11 月 30 日）和 45.57（12 月 3 日）。我甚至在 45.00 也买入一些（12 月 4 日）。这叫逐级递减地买入！

所以我们在做多 4 月活牛。让我们看看一个月后的情况发展如何。

4. 市场总结（写于一个月后的 12 月 19 日）：当价格从 47.40 跌到 45.00 时，我们又进场了。市场的大趋势还是下跌的。价格从 50.00 跌到 46.00，所以 50% 的反弹会在 48.00 附近结束。有趣的是，48.00 这个阻力区和图表上的下跌趋势线 48.40 左右是巧合的。所以在这里有下跌大趋势，上涨小趋势，48.00~48.40 的阻力区，你会怎么做？

我的决定不复杂：在 48.00 以上全部平仓。

我们没有等多久。12 月 12 日周五，4 月活牛的开盘很强，开在 48.00，收在涨停价 48.47。最好的卖出点就是在很强的市场用这个方法可以逐级加大卖单，市场对你有利。此时我们互相接纳。我们在 48.20~48.37 之间平掉了 4 月活牛仓位。

我想我们暂时不要进入活牛市场了，似乎可以在纽约的市场找到更有趣的机会。（图 31）

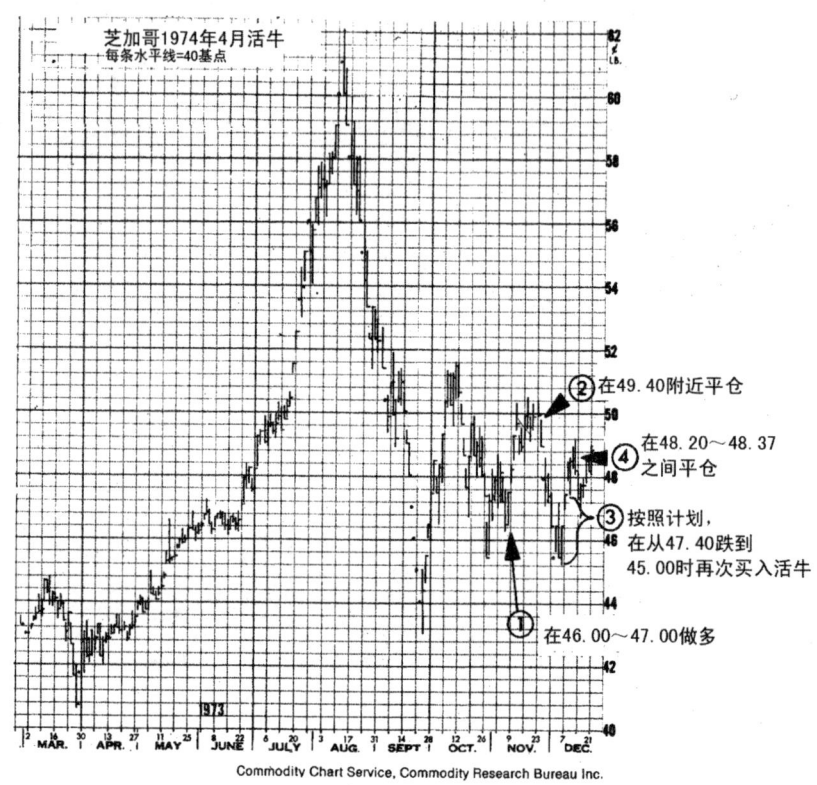

图31

## 白银

1. 策略结论：大趋势上涨。小趋势下跌。我特别喜欢这样的市场状况。有活力！3月白银市场会在280.00获得支撑，最终会冲破292.00（阻力点）。上涨行为很明显，持仓量和成交量都支持这个观点。在310.00~315.00有卖压。当然，那个价位会被击穿，长期目标就会变为340.00~360.00。

# 第17章
## 海上的胜利,或者在维尔京群岛帆船上的"交易"

2. 交易战术:我喜欢白银(我们做多了大约 210 份合约),我不想因为仓位有风险就做短线。市场现在很平衡,正在吸收交易者和投机者的卖压,他们都是近期看跌的。我认为他们错了,最终他们会选择买入,他们的买入会把价格推向更高。我看见市场下面的力量很强,它会变成主导力量。我认为价格会更高,所以持有多头仓位并享受吧!(图32)

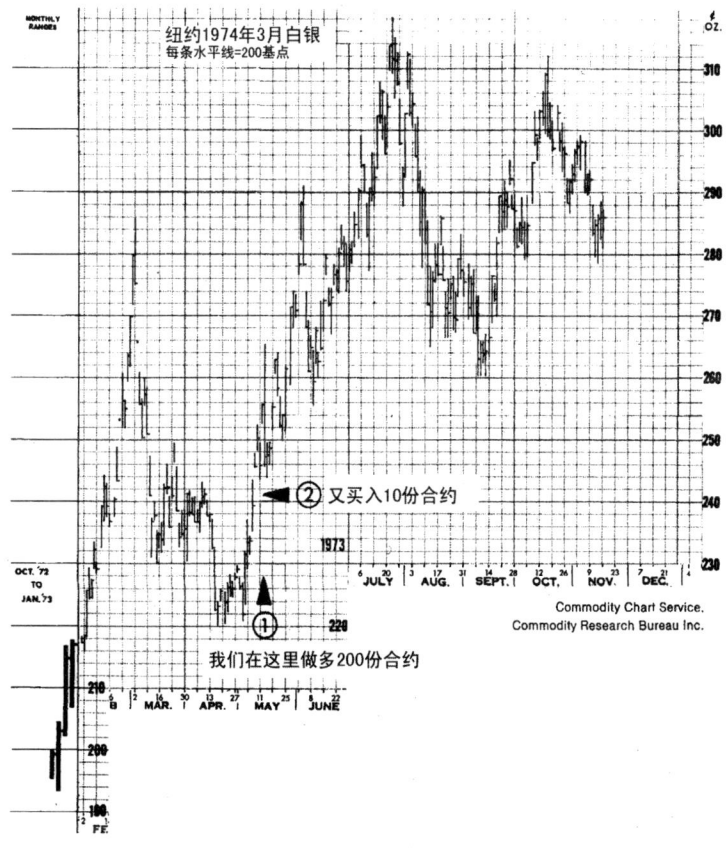

**图 32**

3. 实际情况：先吊你的胃口！我们神秘的白银仓位的最终结果会在第18章披露。当我在11月19日这一周出门时，白银市场平静稳定，当天周五收在287.50。这个收盘价只比上一个周五的收盘价高150基点，成交量很低。我在11月26日周一返回工作，当我发现白银市场如此平静，我就放松了，整整一周我都没有交易。（一旦我有很重的仓位，我要么少量交易，要么不交易。）我在策略结论里面的市场观点没有变——极度看涨！

4. 市场总结（写于一个月后的12月19日）：市场在11月26日以下跌的方式欢迎我回来，收在280.80，当天跌了670基点。真是欢迎回来的仪式啊！空头们拿着看跌的，至少是中性的投资报告在炫耀。嗯，他们的炫耀只维持了24小时，因为从周二开盘价281.50开始，市场用了6个交易日涨到318.00（12月4日周二）。然后形成两周的宽幅横盘震荡，以测试多头和空头的耐心和资金情况，震荡区间是302.00~318.00。当价格涨到320.00，且收盘价比它还高时，这是历史最高纪录，空头最终投降了。

## 第18章
## 跌得飞快，我们如何在白银市场快速亏掉100万美元，然后又赚回，很有意思

当我们在第10章最后一次离开白银市场时，时间是1973年5月29日，市价是260.00，我们建立了以下的多头仓位：

在220.00~230.00间买入125份合约

在213.00买入40份合约

在215.00~219.00间买入35份合约

在238.00买入10份合约

一共是210份白银的多头合约，一个相对疯狂和精彩的冒险开始了。

持有赢利的仓位就像是骑一匹桀骜不驯的骏马。一旦你上去了，你就知道要做什么——坚持再坚持，不要被撞或落马。你知道，如果你还在马鞍上，你就是赢家。听起来很简单？这就是成

功交易的精华。（图34）

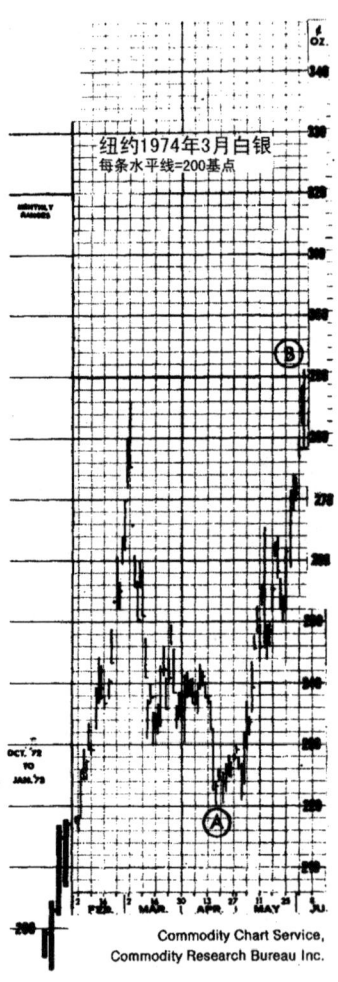

图 34

这非常简单，是吗？我们在（A）点附近买了很多白银期货，预测它会涨到 340.00～360.00。（在此期间我希望买入更多的白

| 第18章 |
跌得飞快，我们如何在白银市场快速亏掉100万美元，然后又赚回，很有意思

银，至少把仓位增加到300份合约。）我们可以努力（有时候仅仅如此就可以了）"坚持再坚持"，直到结束。

经过如下：

从（A）点到（B）点。市场强力上涨，在6月5日到达291.00（根据1974年3月期货）。这次上涨让3个月前的最高点286.00显得相形见绌。看起来白银就喜欢超越过去的最高点，有时候就是要突破过去的最高点，以吸引投机者回补并重新买入，然后开始下跌。

从（B）点到（C）点。当下跌到286.00时，我非常想加仓。但在哪个价位加仓呢？市场波动越来越厉害，我不想伤害现有的仓位，它们是在很好的价格买入的，在上涨的时候要认真谨慎地金字塔式加仓。（图35）

市场从220.00涨到290.00，涨了70美分。50%的回调（下跌35美分）会跌到255.00，这与坚固的250.00～260.00支撑区正好巧合。这就是我的买入区域。在从265.00到255.00的过程中，我在逐级递减地买入。到了6月11日这一周，我又积累了70份合约。这样我一共持有280份多头合约。

我对此感觉很好。我们在强劲而确认无误的上涨市场上做多，我已经在小趋势回调到支撑区时加仓。我预测市场会从目前的支撑区255.00～265.00开始恢复上涨，最终会到达并击破286.00～290.00这个阻力区。这样我们的中期价格目标315.00～320.00，长期目标340.00～360.00就会实现。这太令人向往了！（图36）

# The Professional Commodity Trader | 职业期货交易者 |

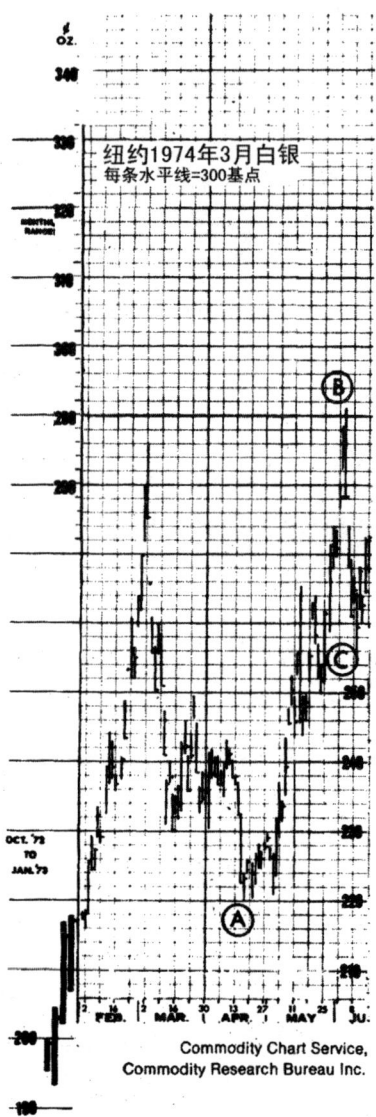

图 35

## |第18章|
### 跌得飞快，我们如何在白银市场快速亏掉100万美元，然后又赚回，很有意思

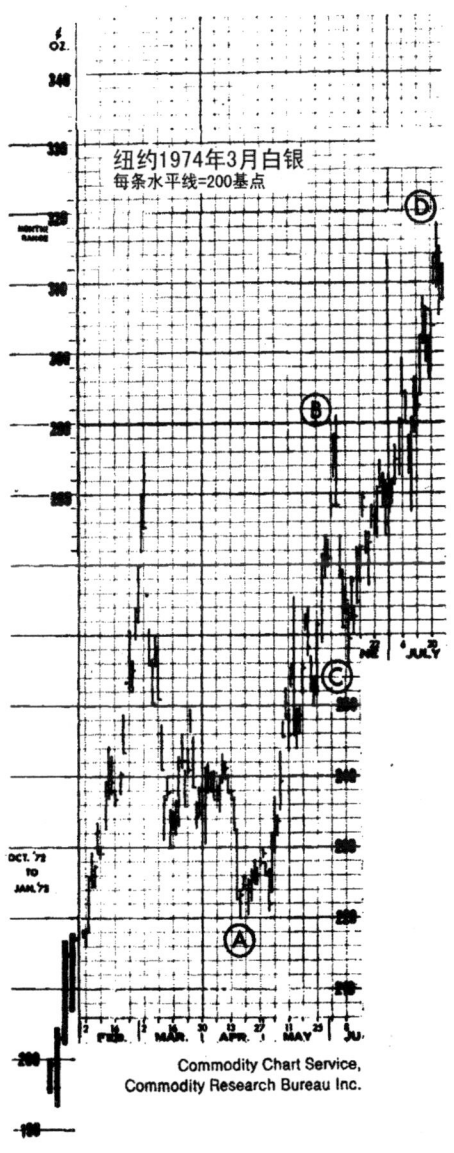

图 36

从（C）点到（D）点。6月11日，市价低于255.50，但在6月24日也就是6周后市场到了318.20。在这个过程中，市场（暂时）下跌到286.00～290.00的阻力区，并一直跌到7月11日的277.30。但大趋势是上涨的，上涨的动能会保持原来的方向，小的技术性回调不会长久。

当我看见价格飙到中期价格目标315.00～320.00时，我有点不知所措。该怎么办？是的，市场是强劲的上涨趋势，但是谁知道最终顶部在哪里呢？（过去大豆和小麦的惨败让我记忆犹新，我听见一个很小的声音在说："坚持住！坐稳了！"）另一方面，贪婪和恐惧的混合情绪在提醒我："牛能赚钱，熊能赚钱，但是猪总是亏钱。"我是不是像猪一样贪婪？也许是的。

所以我决定要安全操作（说是这么说，在这种市场持有280份白银合约，谁能保证安全？），在319.00～322.00下单平掉1/3的仓位。当然，这和我的交易原则是符合的。

当然了，我并没有下单，因为……

从（D）点到（E）点，在仅仅4个交易日内，市场从318.20急跌到287.90，然后……

从（E）点到（F）点，8月1日上涨到312.70，在314.00～318.00顶部区域停住了。（图37和图38）

| 第 18 章 |
跌得飞快,我们如何在白银市场快速亏掉 100 万美元,然后又赚回,很有意思

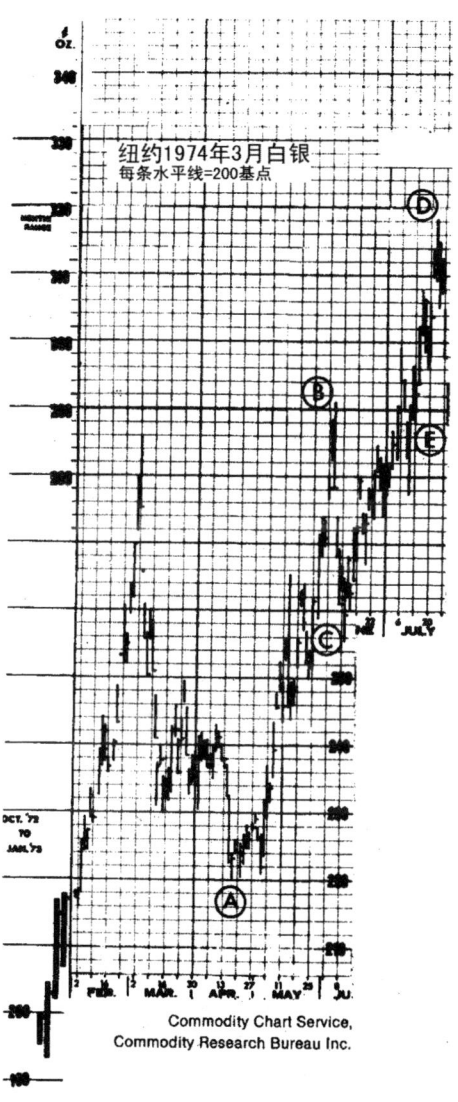

图 37

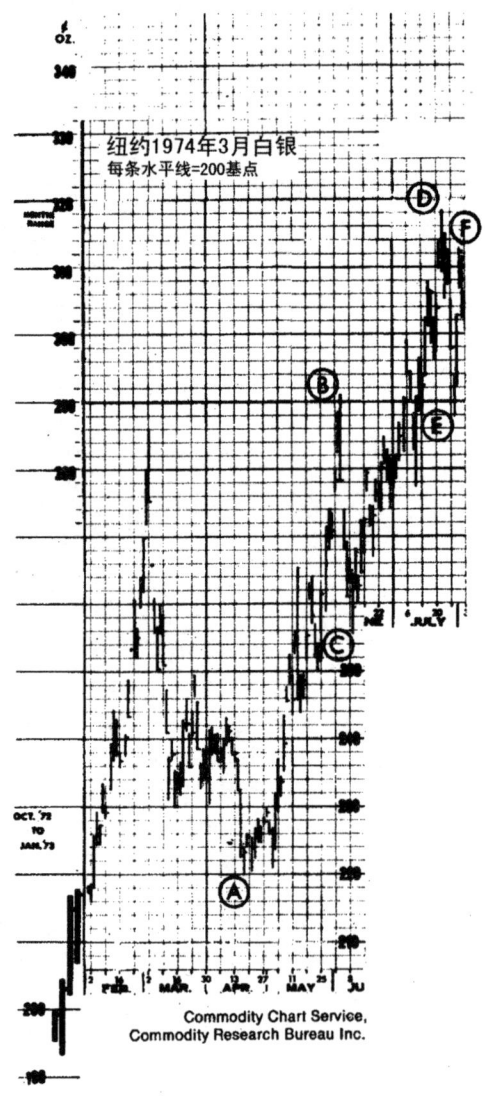

图 38

## 第18章
### 跌得飞快,我们如何在白银市场快速亏掉100万美元,然后又赚回,很有意思

从(F)点到(G)点。你知道我们在哪里亏了100万(浮动利润)吗?就是这里。你怎么会在(F)点到(G)点之间把所有钱都亏了?这就是我们亏钱的地方。有一句古老的格言说:"没有人能在商品交易中永远赚钱,那只是市场借给你的钱,你迟早要还回去的。"我们就在这里把100万浮动利润还回去了。(图39)

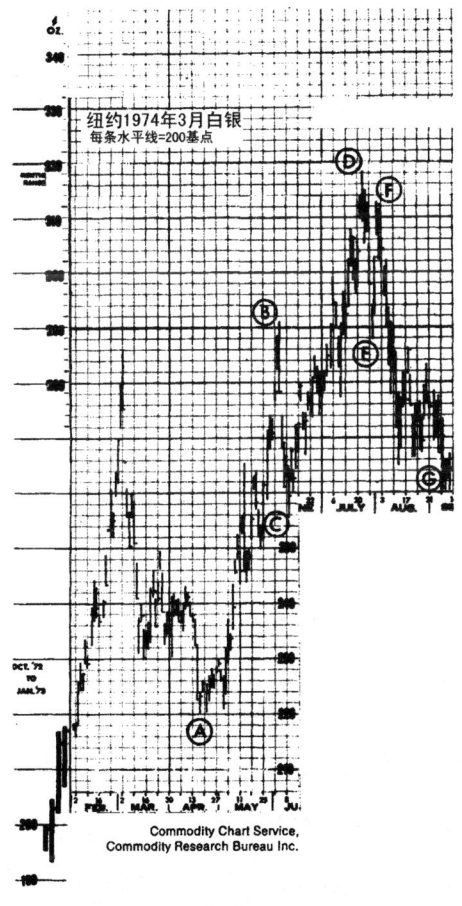

图39

# The Professional Commodity Trader | 职业期货交易者 |

从8月1日到9月11日的6周内,市场从312.79开始跌,跌,跌……一直跌到260.50。

在我和我的结算经纪人之间,我不知道谁感到更震惊(也许是我的客户,我在这段最艰难的时期总是"尽力"不听他们的建议)。这次回调让我和我客户的100万立刻蒸发了,我的资金可是辛辛苦苦赚来的啊。

市场应该会在286.00~290.00稳住,这段区间过去是阻力区,现在是支撑区。然而,价格从支撑区狂跌,把多头包围吞噬了,给了空头相当多的浮动利润。如果不能守住286.00~290.00,那么下一个支撑区在哪里?我不太乐观,但是我要面对现实:下一个支撑区不会是265.00~275.00。痛苦啊!

这个预测是对的,但只是暂时的。8月14日,3月白银的价格跌到265.00,然后一路上涨到8月30日的283.40。我认为反弹了不少。但我没轻松多久。在265.00~280.00震荡了(我们是不是已经经历了狂风暴雨?)4周以后,市场在9月10日周一崩跌,第二天跌到260.50。

我很想告诉你我是如何在跌破时拼命回补的。我肯定想告诉你这个故事,但是我做不到,因为事实不是这样。在那个疯狂的一周,我把280份白银合约中的90份平掉了,然后懊恼不已。我真应该看看杰西·利弗莫尔的书,这书摆在通向场内的电话前面,叫我不要疯狂,要客观地交易,但是这并没有阻止我卖出。我一

## 第 18 章
### 跌得飞快，我们如何在白银市场快速亏掉 100 万美元，然后又赚回，很有意思

直告诉自己是大多头，一直在阅读我的看涨笔记和价格预期，那么我为什么要平掉 90 份合约呢？

首先，我害怕了（我从没有突然间亏掉 100 万以上的经历）。市场没有按照我的预测走，我没勇气了。我感觉需要更多的流动仓位以满足保证金的要求（当市场下跌时，有人一天打给我们两次电话，通知我们的保证金不够了）。我绝对要尽力保护我的多头仓位。我还能说什么？就这样，我希望再也不要经历这样的事了。

从（G）点到（H）点。在 260.50 ~ 266.00 的那一周，有 23 354 份白银合约（代表总合约的 38%）在换手，同时很多多头在平仓，新的空头则在全力打压市场。（图 40）

但在 9 月 14 日周五下午，我发现了有趣的事。市场好像要在当天的最高价收盘，更重要的是，这个价位是整周的最高点。有什么重大意义？是这样的：恐慌那周的最低价比本周的收盘价低。

我只有几分钟时间做判断，结果是：这是对下跌趋势完全的、惊人的反转。市场的上涨大趋势即将出现，除了新买家愿意把价格抬高，那一周被卖掉的 2.3 万份合约有可能被买回来——是以更高的价格买回来。

我知道必须做什么。我应该进场开始买入。我尽力想在最后几分钟买入 50 份合约，我想以比平仓的价格高几分钱的价格买入，但也许不是好事。最后我买到了平仓数量的一半，这样我的多头仓位有 240 份合约了。

周五收在 266.50 以后，市场激情上涨，非常好的表现，在仅

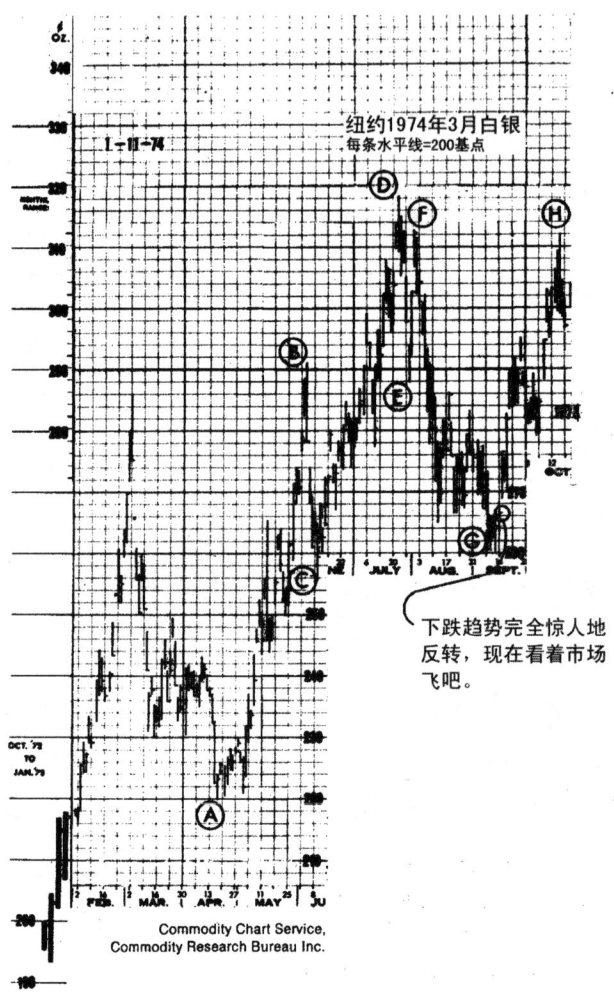

图 40

仅 5 周后的 10 月 17 日到了 312.00。我们又到了高点……但这次会冲过去吗?

从(H)点到(I)点。不会,还没有准备好。在最高点,卖

| 第18章 |
跌得飞快,我们如何在白银市场快速亏掉100万美元,然后又赚回,很有意思

压再次出现,再次让多头退缩,匆匆派发,价格又下跌了。(图41)

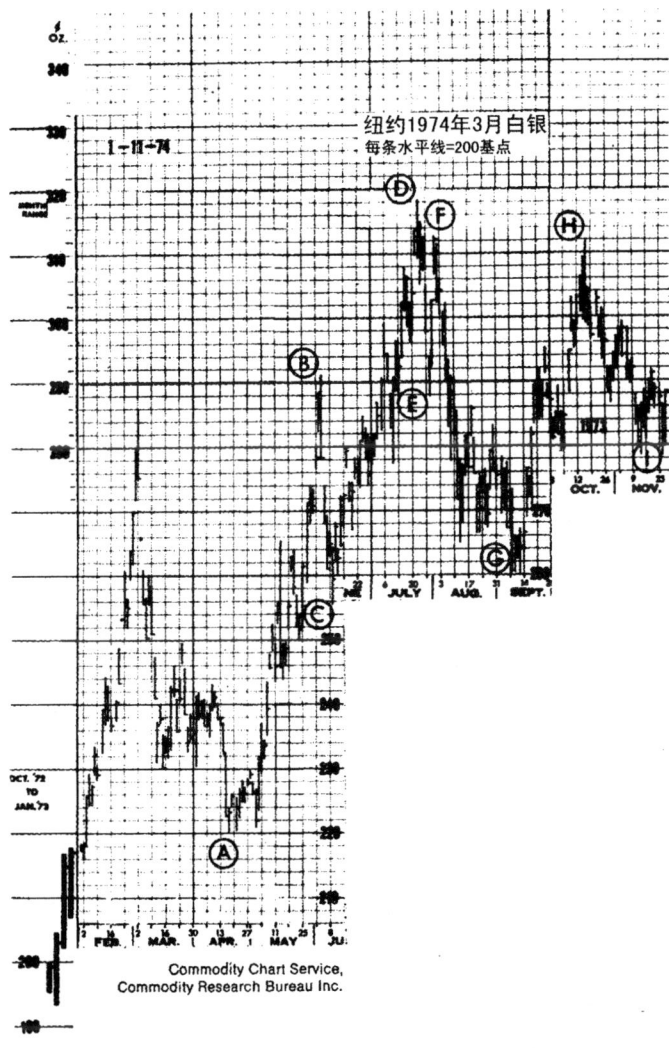

图 41

这次我想在回调时买入。但在哪里买呢？市场从 260.50 涨到 312.00，已经涨了 52 美分（谁能承受这些疯狂的、狂野的震荡？）。从顶部 312.00 回调 50% 的话，就会跌到 286.00。

我就在那里，伸出一只篮子，我在 284.00~288.00 报价买入 70 份合约。全部买到了，这样我的仓位是 310 份合约，我毕生持有的最大的白银合约。

看起来市场是要上涨的，它已经吸收了大量的卖压，空头和"软弱的"多头都看跌了。市场在技术上还是很强的，甚至还有看涨的故事呢。比如：

1. 瑞士银行将要抢购近期合约。（这是老故事，但总是有效果，尤其是上涨的时候。）

2. 12 月期货快到期了，一位得克萨斯的千万富翁计划接受 2000 万盎司的白银的实物交割（2000 份合约）。

3. 一家意大利大公司要从库存里购买 1000 万盎司的银条。

4. 一家大型的芝加哥交易商大力做空白银，结果被其他专业人士挤压了。

相比较而言，我更对市场行为感兴趣，而不是故事（当然我也喜欢这些故事把市场推得越来越高），市场行为"告诉"我，通过换手，市场多头由弱变强了。下次对最高点的测试应该会成功，我预测会重新开始贪婪的暴涨。

从（I）点到（J）点。事实确实如此。11 月 27 日收在 288.20，第二天跳空高开在 298.20，收盘是涨停，涨了 1000 基点，

| 第18章 |

## 跌得飞快,我们如何在白银市场快速亏掉100万美元,然后又赚回,很有意思

价格是298.20。4天后,它涨到了318.00。(图42)

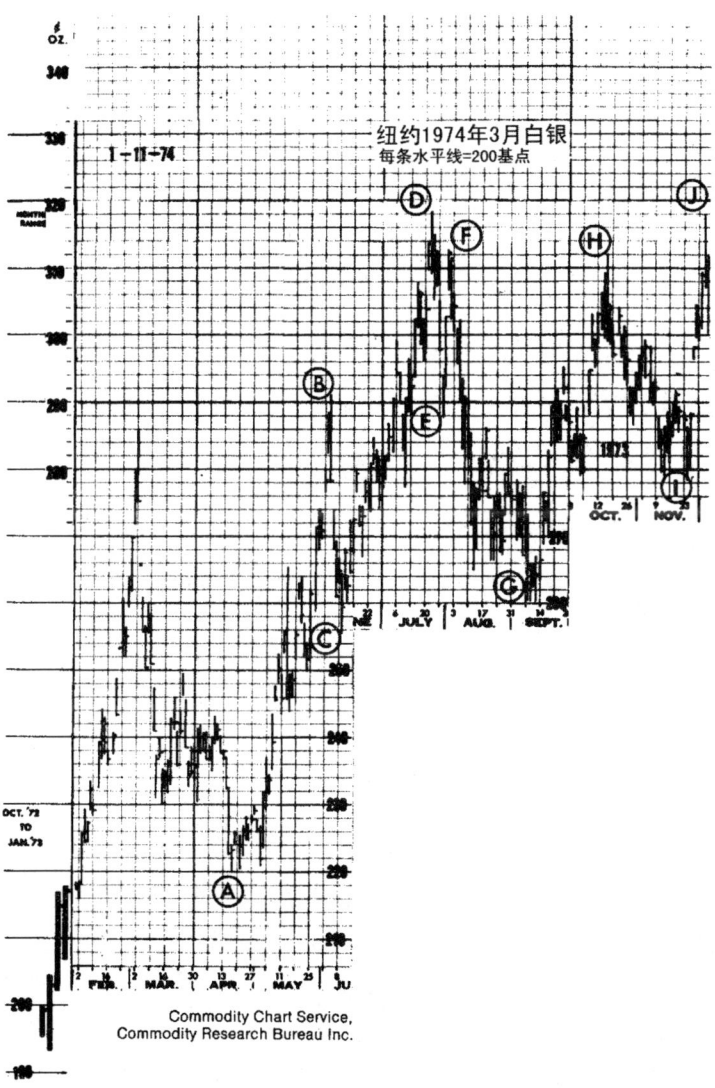

图42

从（J）点到（K）点。12月5日周三，市场从318.00令人吃惊地下跌到300.20。这次快速而意外的回调是空头的最后一次进攻，此时很多经纪公司的投机者都在弱势时（当然地）平掉多头仓位，然后市场飞到太空了。飞，飞，飞，飞远了……多头坚定地控制住了市场。1月8日周二收盘时，3月份白银的价格是343.70。它做到了！（图43）

当我看见市场涨到我预测的卖出区域时，我不知道怎么描述我的轻松心情。我为我的客户和我自己持有了一年多的白银，经历了太多的遭遇（这里应该大写强调），在狂野而剧烈波动的市场中忽上忽下，当价格涨上去，我卖掉以后，感觉好极了。

我在340.00~344.00之间平掉160份合约（大约是多头仓位的一半），我要面对如何处理剩下来的仓位问题。持有剩下来的150份合约坐在那里，一动不动，真应该做点什么。我的潜意识决定在340.00以上持有150份白银。或者是我问自己，我会在那里买入150份白银吗？

答案"不"在不停地回响。市场已经到了我预测的价格目标，顺便说一下，被几个不相关的"计算方法"证明了。上次在同样的情况下，我没有卖，结果市场下跌了50多美分，我对当时的市场崩跌记忆犹新。另外，我在持有白银的这一年一直很紧张，很焦急，现在累坏了。

我想到了两个交易格言（一个是我自己的），一方面让我持有剩下来的仓位；另一方面又让我卖掉。我知道我应该持有，但我可能

# 第 18 章
跌得飞快，我们如何在白银市场快速亏掉 100 万美元，然后又赚回，很有意思

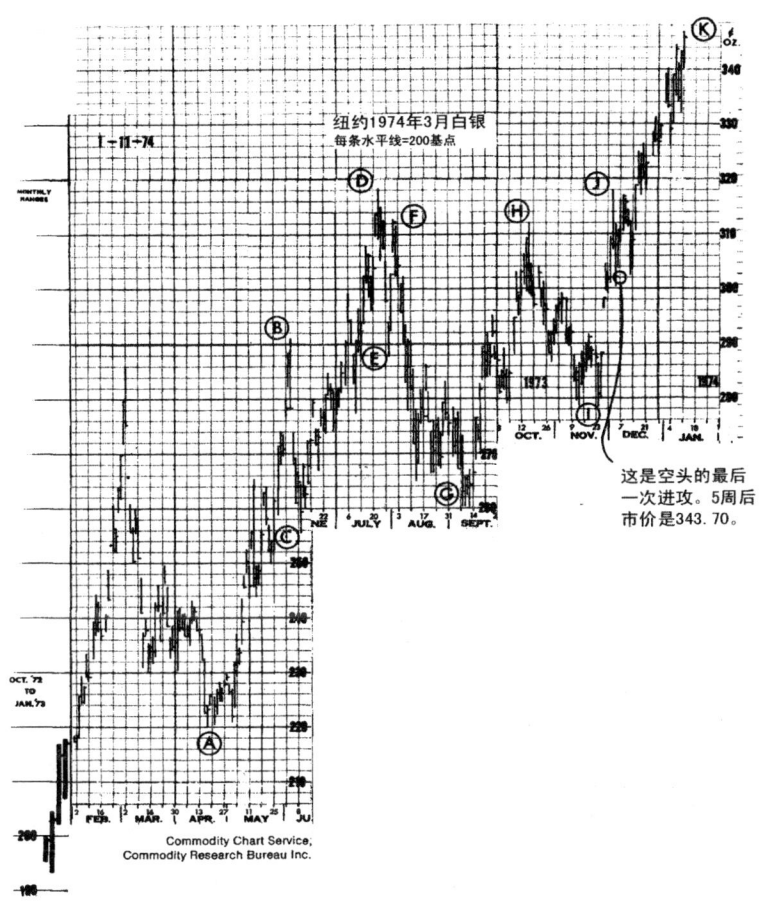

**图 43**

会后悔这么做。我决定"卖到可以安心睡觉的地步"，也就是说卖光。我平掉了剩余的仓位，一身轻松，并发誓下次不要软弱。这是一次不错的交易之旅！

尘埃落定之后，我的结算拉尔夫计算了结果，我们把市场崩跌时的 100 万美元又赚回来了，还多赚了 30 万美元。总体而言，我们在不到两年的时间里赚了 130 万。

这样痛苦值得吗？我知道我的客户用他们的利润买了很多奢侈品。我的新船叫快速白银（充满爱心的昵称是 QS-1），以纪念这个市场。是的，很值得！

# 后　记

　　一位著名的瑞士银行家说期货市场就是伟大的财富分配器。它会利用资本社会最直接的方式——支票账户快速而丰厚的回报那些"聪明的交易者"，突然地惩罚那些草率无能的交易者。

　　人们常说，任何金融冒险都是用钱去赚钱。这个说法通常是对的，但对于商品交易并不是适用。认真透彻的研究、精确的交易时机都比大量的起步资金重要得多。回想一下序言中"管理账户的总结"中有个11号的账户，它的资金在两年内从2565美元增值到113 191美元。为了保证不再把利润"还回去"，11号从账户里取现了22 500美元，这是他最初投入的10倍，还剩下来90 000美元的交易资金。

　　他不是唯一得到意外收获的人：看看1号（从17 460美元到127 990美元）、2号（从10 000美元到72 176美元）和8号（从16 735美元到93 080美元），尤其是17号，仅仅在16个月内，账户就从 15 000 美元增值到 140 000 美元。

每年都有人交易期货，结果亏掉了自己的大量财富，很多人亏到比自己原来拥有的还多。要点很明显：如果你的时机不好，粗心大意，或者不勤奋，你肯定就要亏很多钱，也许亏掉所有的钱（甚至更多！）。

统计往往表明，亏损是非常简单的。让我们看看，要如何进入并待在绝对的赢家圈子。

1. 交易商品的目标要实际。是为了参与刺激危险的投机游戏，还是为了赚很多钱？如果答案是前者，我强烈建议你去跳伞或环球旅行，既刺激又便宜。如果答案是后者，你就必须长期认真努力地工作。

2. 让我们进入交易。如果你想成为赢家，就要研究影响任何市场的不同因素，学习交易机制，深入学习技术分析。最重要的是，你要学习并体验耐心、客观、决心和勇气。我不想特意谈这个，因为前面的 18 章都在讲这个。

3. 分别确认每个市场的大趋势和小趋势，顺着大趋势交易。这个游戏的名字叫选择，你的交易要严守顺着大趋势的方向——大钱藏在这里。让你的朋友们去做短线和日内交易，让他们去体会快乐和刺激；同时你可以想想给你的游艇起什么名字或者夏天在哪里安家。对你的投资方法要有耐心和信心。你不一定要听我的，市场会通过令人满意和赚钱的方式证明给你看。

4. 一旦你建仓，就要认为会有大行情，并进行相应的操作。

| 后 记 |

不要因为无聊或没有耐心而进场或出场。进场后就顺着趋势，它持续的时间和幅度都比你想象的长。如果你错了，市场（管保证金的职员）会通知尽快出场。迪克森·华茨的格言："要么快跑，要么熬下去"是尽快出场的唯一原因。

有一句著名的象棋格言：白方为了赢而下，黑方为了平而下。简单地说，其意思就是因为白方先下，肯定有优势（我们假设双方能力一样），因此目标就是赢棋。另一方面，黑方没有优势，因此开始防守，只要是平局就可以满足了，一旦白方犯错，他就可以开始反攻。

这个格言运用到交易中：一方面如果是顺势的，就要准备去赚大钱，不要赚点小钱就走；另一方面，一旦你的仓位亏损，你知道你的仓位是逆着大趋势的，尽量实现"平局"。也就是说，要想办法平掉亏损的仓位，少亏一点；如果你运气好，还能赚点钱，那就赚点利润。不要一厢情愿地交易，然后每次亏损的仓位最终还赚了大钱，这不现实。只有你是顺着大趋势的，你赚大钱的可能性就大。

5. 除了要确认大趋势，还有一个关键就是交易时机要精准。我经常阅读大经纪公司发的手册，上面说投机者如何通过很小的交易也能成为大赢家。我不怀疑这个逻辑，但我发现他们的观点都是假设性的。我曾经见过的最赚钱的账户目前还在巨大的亏损中挣扎，看起来好像不论怎么努力，都无法把亏损控制在很小的程度，但他们有能力把概率提高到50%以上。有时候，棒球的平局概率接近70%。所以，如果你赚钱的概率低于50%，你应该努力提高这个概率。尽量少交易，有耐心，把仓位的差别降到零。

6. 最后一条建议：我自己在交易时非常在意这条建议——要简单。这条建议适用于交易的方方面面：市场、研究方法、时机、定义价格目标以及跨式组合税交易。

我想到了一次经历。1972年12月下旬，我在48.00~50.00美分积累了大量的铜仓位（第5章讲过这个内容）。一天上午，一位非常优雅、貌似很专业的先生来到我的办公室，递给我一张名片。他是一家非常著名的私人银行集团的代表。寒暄了几句后，他谈到了这次来访的重点：

X：我们知道你在商品交易所买了很多铜。

斯坦利·克罗：也许吧。我能为你做点什么？

X：请问你为什么在这个时间买铜？

斯坦利·克罗：我想我的行动说明了一切。我期待铜的价格会大涨。

X：嗯……（停顿）……嗯……好吧，我们已经详细研究了全世界铜的情况，我们希望你对此发表见解。

（他把包装精美的研究报告递给我。当我翻阅时，他在认真地观察我。这份报告是一些著名的经济学家写的，看起来非常复杂，总体来看就是太理论化了。）

斯坦利·克罗：坦白地说，我看不懂。我觉得太复杂了，变数太多无法指导实战。如果你要我的观点，我宁愿采用更加基础

| 后 记 |

客观的方法来研究市场。但你们会怎么想呢?

X：这个报告的研究深度和统计模型都让我们印象深刻。我们决定现在不买，等到1973年底再买。

我不想把这个故事讲的太长。简单说，那位银行界的朋友留给我一份关于铜的研究报告（现在还在我桌子后面的架子上）就走了。那天晚上我又认真地阅读了一次，并确认了我最初的结论。

该到故事的结局了。没错，伦敦的库存确实太多——非常非常多。这么多的库存对市场有压力。没有人能想象到，至少是银行界的朋友或他有趣的经济研究，这么多的库存都能被消耗掉。我自己也不相信，但这并不会困扰我。市场的行为明确地"告诉"我价格会上涨，而我的策略就是根据这个来确定的。就让其他人去研究它为什么会涨吧！等到市场涨了很多，他们还在深思熟虑呢。

事实很简单。一天一个中国的商业代表团来到伦敦，他们把所有的铜都带回去了。突然之间，伦敦没铜了！

一年后，当那位银行界的朋友要买铜时，铜的价格已经超过了1美元/磅。

我已经告诉你这个故事的含义：做事要简单。

如果有人阅读本书后，想知道那本研究报告有多复杂，我可以给你看X先生给我的复印本——确实很出色。

祝你好运！

# 附　录

出版社提示：本附录的内容在 1974 年第一版时就有了。1985 年 7 月再版时这些数据已经过时了，但还是以原来的样子印刷出来，让我们看看期货交易世界在过去 10 年里发生了哪些重大变化。

本附录提供了一些技术信息，可以用来支持本书的观点，也可以当做参考。基本上，他包含了所有交易所的商品期货，讨论了期货的方方面面，比如开户、商品管理法规、价格分析、交易技术、商品看涨和看跌期权。

简短地说，本书会讨论商品和商品期货。一个商品就是一个交易标的或商业，与服务不同，它是有形的产品。它可以是我们穿的（羊毛的、棉花的或涤纶的），走的（水泥的或合板的），或者吃的（苹果、咸猪肉、牛肉）。

一份商品期货是一份合约（买或卖确定数量的商品），它在有组织的、有执照的商品期货交易所交易，并在将来交割。下面列出来的这些交易所会建立各种交易规则和条例，包括交易时间、合约的大小（称为交易单位）、最低佣金和保证金比例。

一份期货合约就是一个合法的工具，它同时绑定了买家（多头）和卖家（空头）的义务：买家要么平掉多头仓位，要么接受合约约定交割月的（实物）商品交割。卖家除非已经提前回补（买入）空头仓位，必须在合约约定的交割月交割实物商品。

## 期货交易数据

下面是北美商品交易所的汇编，还有一些商品的合约和佣金数字。这些资料是1974年的，但可能会变动。（过去，一些交易所偶尔会宣布对交易时间和佣金率等等做小小的改变。）

来源：商品研究出版公司，纽约市。

在美国之外，以下商品期货也在交易：

温尼伯：大麦、亚麻籽、燕麦、油菜子和黑麦。

伦敦：可可、咖啡、铜、棉花、铅、橡胶、白银、白糖、锡、羊毛和锌。

| COMMODITY | NAME OF EXCHANGE Trading Hours—N.Y. Time Mon. thru Fri. | CONTRACT | MINIMUM FLUCTUATION | | ROUND TURN COMMISSION Domestic Non-Member |
|---|---|---|---|---|---|
| | | | Per Lb., etc. | Per Contract | |
| BROILERS, ICED** | Chicago Board of Trade 10:15 A.M. - 2:05 P.M. | 28,000 Lbs. | 2½/100¢ | $7.00 | $30.00 |
| CATTLE, LIVE BEEF (Midwestern) | Chicago Mercantile Exchange 10:05 A.M. - 1:40 P.M. | 40,000 Lbs. | 2½/100¢ | $10.00 | $40.00 |
| COCOA* | New York Cocoa Exchange 10:00 A.M. - 3:00 P.M. | 30,000 Lbs. | 1/100¢ | $3.00 | $60.00 |
| COCONUT OIL* | Pacific Commodities Exch. 10:30 A.M. - 2:15 P.M. | 60,000 Lbs. | 1/100¢ | $6.00 | $33.00 |
| COFFEE "C"* | N.Y. Coffee & Sugar Exch. 10:30 A.M. - 2:45 P.M. | 37,500 Lbs. | 1/100¢ | $3.75 | 40¢ ~ 49.99¢  $60.00<br>50¢ ~ 74.99¢  $70.00 |
| COPPER* | Commodity Exch., Inc., N.Y. 9:45 A.M. - 2:10 P.M. | 25,000 Lbs. | 5/100¢ | $12.50 | $36.00 + 50¢ Exchange Fee |
| COTTON* #2 | New York Cotton Exchange 10:30 A.M. - 3:00 P.M. | 100 Bales (50,000 Lbs.) | 1/100¢ | $5.00 | $45.00 when price is under 40¢ Add $5.00 for every 5¢ rise thereafter |
| EGGS, SHELL (FRESH)* | Chicago Mercantile Exchange 10:15 A.M. - 1:45 P.M. | 22,500 Doz. | 5/100¢ | $11.25 | $40.00 |
| Grains—Chicago* WHEAT, CORN, OATS, SOYBEANS | Chicago Board of Trade 10:30 A.M. - 2:15 P.M. | 5,000 Bus. | Oats 1/8¢<br>Others 1/4¢ | $6.25<br>$12.50 | $25.00<br>$30.00 |

# The Professional ｜职业期货交易者｜
## Commodity Trader

| COMMODITY | NAME OF EXCHANGE<br>Trading Hours—N.Y. Time<br>Mon. thru Fri. | CONTRACT | MINIMUM FLUCTUATION | | ROUND TURN COMMISSION<br>Domestic Non-Member |
|---|---|---|---|---|---|
| | | | Per Lb. etc. | Per Contract | |
| WHEAT —Minneapolis | Minneapolis Grain Exchange<br>10:30 A.M. - 2:15 P.M. | 5,000 Bus. | 1/8¢ | $6.25 | $30.00 |
| WHEAT —Kansas City | Kansas City Board of Trade<br>10:30 A.M. - 2:15 P.M. | 5,000 Bus. | 1/4¢ | $12.50 | $22.00 |
| Grains—Winnipeg<br>OATS, RYE,<br>RAPESEED, BARLEY,<br>FLAXSEED | Winnipeg Commodity Exch.<br>10:30 A.M. - 2:15 P.M. | 5,000 Bus.<br>1,000 Bus. | 1/8¢ | $6.25<br>$1.25 | 5,000 Bus. $25.00 - Rapeseed, Flaxseed<br>5,000 Bus. $20.00 - Oats, Barley, Rye ⎡Canadian⎤<br>1,000 Bus. $ 4.50 ⎣ Prices ⎦<br>Flax : 1,000 Bus. $5.50 |
| HOGS, LIVE* | Chicago Mercantile Exchange<br>10:20 A.M. - 1:50 P.M. | 30,000 Lbs. | 2½/100¢ | $7.50 | $35.00 |
| LUMBER | Chicago Mercantile Exchange<br>10:00 A.M. - 2:05 P.M. | 100,000 Bd. Ft. | 10¢/1000<br>Board Ft. | $10.00 | $40.00 |
| MERCURY* | Commodity Exch, Inc, N.Y.<br>9:50 A.M. - 2:30 P.M. | 10 Flasks<br>(76 Lbs.) | $1.00 | $10.00 | $40.00 + 50¢ Exchange Fee |
| MILO* | Chicago Mercantile Exchange<br>10:30 A.M. - 2:15 P.M. | 400,000 Lbs. | 2½/100¢ | $10.00 | $40.00 |
| ORANGE JUICE**<br>(Frozen Concentrated) | New York Cotton Exchange<br>10:15 A.M. - 2:45 P.M. | 15,000 Lbs. | 5/100¢ | $7.50 | $45.00 |
| PLATINUM | N.Y. Mercantile Exchange<br>9:45 A.M. - 1:40 P.M. | 50 Ozs. | 10¢ | $5.00 | $45.00<br>+ $2.00 Clearance Fee |
| PLYWOOD | Chicago Board of Trade<br>11:00 A.M. - 2:00 P.M. | 69,120 Sq. Ft. | 10¢/1000<br>Sq. Ft. | $6.91 | $30.00 |

| COMMODITY | NAME OF EXCHANGE Trading Hours—N.Y. Time Mon. thru Fri. | CONTRACT | MINIMUM FLUCTUATION Per Lb., etc. | Per Contract | ROUND TURN COMMISSION Domestic Non-Member |
|---|---|---|---|---|---|
| PORK BELLIES | Chicago Mercantile Exchange 10:30 A.M. - 2:00 P.M. | 36,000 Lbs. | 2½/100¢ | $9.00 | $45.00 |
| POTATOES* | Maine-N.Y. Merc. Exch. 10:00 A.M. - 1:30 P.M. | 50,000 Lbs. | 1¢ | $5.00 | $30.00 |
|  | Idaho Russet-Chicago Mercantile Exchange 10:00 A.M. - 1:50 P.M. | 50,000 Lbs. | 1¢ | $5.00 | $30.00 |
| PROPANE GAS (LPG) | N.Y. Cotton Exchange 10:05 A.M. - 3:10 P.M. | 100,000 Gals. | 1/100¢ | $10.00 | $40.00 |
| SILVER | Commodity Exch., Inc., N.Y.* 10:00 A.M. - 2:15 P.M. | 10,000 Troy Oz. | 10/100¢ | $10.00 | $45.00 + 50¢ Exchange Fee |
|  | Chicago Board of Trade** 10:00 A.M. - 2:25 P.M. | 5,000 Troy Oz. | 10/100¢ | $5.00 | $30.00 |
| SILVER COINS | N.Y. Mercantile Exchange 9:35 A.M. - 2:15 P.M. | $10,000 face amt. (dimes, quarters and half dollars) | $1.00 bag | $10.00 | $35.00 |
| SOYBEAN MEAL** | Chicago Board of Trade 10:30 A.M. - 2:15 P.M. | 100 Tons | 10¢ | $10.00 | $33.00 |
| SOYBEAN OIL** | Chicago Board of Trade 10:30 A.M. - 2:15 P.M. | 60,000 Lbs. | 1/100¢ | $6.00 | $33.00 |
| SUGAR #10 (RAW)* (domestic) | N.Y. Coffee & Sugar Exch. 10:00 A.M. - 2:50 P.M. | 50 Tons (112,000 Lbs.) | 1/100¢ | $11.20 | $42.00 |
| SUGAR (RAW)* #11 (world) | N.Y. Coffee & Sugar Exch. 10:00 A.M. - 3:00 P.M. | 50 Tons (112,000 Lbs.) | 1/100¢ | $11.20 | $42.00 ~ 5.49¢ or under $62.00 ~ 5.50¢ or over |
| WOOL* Grease/Crossbred | Wool Associates of the New York Cotton Exchange 10:00 A.M. - 2:30 P.M. | 6,000 Lbs. | 1/10¢ | $6.00 | $50.00 |

* 差价交易者和日内交易者的特别折扣。 ** 差价交易者的特别折扣。

The Professional | 职业期货交易者 |
Commodity Trader

## 商品和证券——区别是什么？

1. 保证金要求：买（或做空）股票时，一个人交给经纪公司的现金通常是交易总价值的 50%～100%。商品交易的保证金平均是交易总价值的 10%——有时候低到 6%。这就是杠杆！

2. 期货每天有涨跌停限制，股票交易没有这样的涨跌停限制。

3. 期货合约的生命期是有限的，通常是 12～18 个月，只有在交割时才必须全额付款。这意味着商品交易者不能像股票投资者那样建仓后就置之不理了。对于很多商品交易者来说，"短期"也许就是一两天，"长期"就是几周或一个月。

4. 一个商品交易者可以比股票交易者更轻松地做空，他喜欢这么做。

5. 为了安全，股票空头的总持仓量是多头总持仓量的一小部分（股票总数）。因此，当股票上涨时，大部分股票交易者赚钱，当股票下跌时，他们就亏钱。

商品不同，多头持仓量和空头持仓量永远相等，所以不论价格朝哪个方向波动，都有同样数量的合约赚钱或亏钱。

譬如，1974 年 2 月，IBM 的股票有 1.45 亿股（做多的持仓量），但只有 5 万股是做空的，所以我们可以说空头的持仓量不到多头持仓量的 0.04%。我们再和纽约的白银市场对比，它有 6.5

万份多头合约和6.5万份空头合约。

6. 商品的日内交易和差价交易（跨式组合）的佣金都可以减少，差价交易的保证金也可以减少。不幸的是，股票交易不享受这些折扣。

**投机者和对冲者**

有两种商品交易者：投机者和（产业）对冲者

投机者通过交易赚钱——就这么简单。他是被低佣金、活跃且宽幅波动的市场吸引来的。如果他预测市场会涨，就买；如果他预测市场要跌，就卖。他依靠自己对价格的预测用自己的资金来冒险。

对冲者则相反，买卖期货是他销售或商业的一部分。他也许会卖出期货以对冲他手上还没有卖出的商品的风险，或者，他也许会买入期货以回补他并不实际拥有的商品。典型的对冲者有大陆谷物、通用磨坊、可口可乐、雀巢和安格工业等公司。

**现货和期货**

现货和期货是分开的，但紧密相关。现货市场是指通常的商业渠道，购买、销售、储藏、分销实物（物理的）商品。例如，在农场收割小麦，然后卖给商业谷物仓库经营者，他们也许会储藏一段时间，也许会卖给谷物出口商，再卖到国外。

期货市场是指在有组织的交易所交易在未来交割的标准合约。两个市场的区别在于：

现货可以在任何地方、时间、人之间交易。双方单独秘密地商量条款和细节，所以每笔交易的具体情况都不一样。现货交易的例子有，1972年一些美国商人通过谈判，把大量的谷物卖给苏联。

期货交易只能在特定的交易所柜台，在特定的交易时间，由会员（场内经纪人或场内交易者）执行交易。每笔交易必须通过执行经纪人公开喊价，每笔交易记录都要被交易所记录，然后通过报价机和新闻发给感兴趣的人。大部分期货合约的重要细节（如交易时间、合约细节、保证金和佣金）都是标准化的，所以每笔交易不同的就是买家和买家的名字，交割月和合约的价格不同。

## 涨停和跌停

每个交易所都设置了当天的涨停价和跌停价，这样就不会有交易在特定的价格之外被交易。这么做是为了防止当天有剧烈的、甚至是毁灭性的价格波动。它给大家一个晚上的"冷静"时间，以防止价格过度波动，同时给经纪人时间，以处理保证金问题。

譬如，白银的涨停价和跌停价是每天200基点/盎司。因此，如果12月白银某天收在5.75美元，那么第二天就不可以在5.95以上或5.55以下交易。假如市场很强，价格就会涨到5.95美元。如果没有人在5.95美元卖出，但是有无数的买家想在这个价位买入,那么市场就"涨停了"。这份合约的空头当天就被"套住"。有时,市场会连续几天"涨停"或"跌停"。如果波动对你有利,那就好;如果对你不利,那就是灾难了。

|  | 交易单位（合约大小） | 最大的价格波动（和前一个收盘比,上涨或下跌） |
| --- | --- | --- |
| 铜 | 25 000 磅 | 5 美分/磅,或 1250 美元/合约 |
| 玉米 | 5000 蒲式耳 | 10 美分/蒲式耳,或 500 美元/合约 |
| 猪肉 | 36 000 磅 | 1.5 美分/磅,或 540 美元/合约 |
| 白银（纽约） | 10 000 盎司 | 20 美分/盎司,或 2000 美元/合约 |
| 白糖（世界） | 112 000 磅 | 1 美分/磅,或 1120 美元/合约 |

当交易非常活跃和市场波动剧烈的时候,期货交易所可以增加交易的限制。譬如,1974年早期,白银和白糖的限制分别增加到20美分/盎司和1美分/磅。

**报价**

在交易日,每个交易所用报价机为每笔交易报价,内容有商品（如果不止一个商品）、交割月、价格和交易时间。有些交易所的报价机还能显示成交量。而且,经纪公司的办公室有电脑连接的报价板或桌面设备,它们会显示和报价机一样的信息。

很多报纸会刊登每天的商品价格,请看下一页。

# Futures Prices

Friday, March 8, 1974

| | Open | High | Low | Close | Change | Season's High | Season's Low |
|---|---|---|---|---|---|---|---|
| **CHICAGO—WHEAT** | | | | | | | |
| Mar | 561 | 562 | 546½ | 546½a | −20 | 645 | 211 |
| May | 549 | 549 | 531½ | 531½a | −20 | 636 | 249¼ |
| July | 517 | 520 | 497 | 497a | −20 | 585 | 272¾ |
| Sept | 515 | 519 | 493½ | 493½-494 | −20to19½ | 582 | 331 |
| Dec | 514 | 520 | 495 | 496-497 | −19to18 | 582 | 453 |
| **CORN** | | | | | | | |
| Mar | 309 | 310 | 299¼ | 299¼a | −10 | 343 | 133¼ |
| May | 315 | 315 | 304¾ | 304¾a | −10 | 349 | 156 |
| July | 320 | 320 | 308½ | 308½a | −10 | 353 | 226 |
| Sept | 314 | 314 | 303¼ | 303¼a | −10 | 345 | 225 |
| Dec | 292½ | 294 | 283¾ | 283¾a | −10 | 325 | 195 |
| Mar75 | 298 | 298 | 286 | 286a | −10 | 329 | 214 |
| **OATS** | | | | | | | |
| Mar | 152 | 152½ | 140½ | 141 | −6 | 178¼ | 100 |
| May | 157 | 157 | 145 | 145a | −6 | 185¾ | 102½ |
| July | 159 | 159 | 149 | 149a | −6 | 185¼ | 102 |
| Sept | 162 | 162 | 152½ | 152½a | −6 | 187 | 124 |
| Dec | 156 | 157 | 154¼ | 154¼a | −6 | 187½ | 153¾ |
| **SOYBEANS** | | | | | | | |
| Mar | 640 | 640 | 619 | 622 | −14½ | 913 | 357 |
| May | 644 | 644 | 625 | 628-629 | −17½to16½ | 906 | 413 |
| July | 648 | 649 | 630 | 632½-633 | −16to15½ | 903 | 522 |
| Aug | 646 | 649 | 630 | 632 | −17 | 694 | 519 |
| Sept | 633 | 635 | 621 | 621-622 | −15to14 | 684 | 514 |
| Nov | 628 | 631¼ | 615 | 618-619 | −11¾to10¾ | 666 | 510 |
| Jan 75 | 633 | 634 | 619 | 620 | −12 | 673 | 513 |
| **SOYBEAN OIL** | | | | | | | |
| Mar | 31.50 | 31.70 | 28.50 | 28.50-.80 | −3.22to2.92 | 37.00 | 9.40 |
| May | 26.85 | 26.85 | 25.90 | 25.90a | −1.00 | 31.35 | 11.05 |
| July | 24.70 | 24.80 | 23.82 | 23.82a | −1.00 | 28.50 | 14.50 |
| Aug | 23.90 | 24.13 | 23.25 | 23.35-.25 | − .78to.88 | 27.60 | 14.95 |
| Sept | 23.70 | 23.90 | 22.85 | 22.85-.90 | − .92to.97 | 26.50 | 14.85 |
| Oct | 22.75 | 22.80 | 22.00 | 22.05-22. | − .67to.72 | 25.20 | 14.70 |
| Dec | 22.20 | 22.40 | 21.40 | 21.60-.50 | − .60to.70 | 24.00 | 14.85 |
| Jan 75 | 21.40 | 21.40 | 20.50 | 20.50-.55 | − .77to.72 | 23.15 | 19.65 |
| **SOYBEAN MEAL** | | | | | | | |
| Mar | 151.50 | 151.50 | 147.00 | 149.0-150.0 | −2.5to1.5 | 283.00 | 117.00 |
| May | 158.50 | 159.00 | 155.00 | 157.00 | −2.20 | 283.00 | 132.00 |
| July | 162.50 | 163.00 | 158.50 | 162.00 | −1.00 | 284.00 | 152.00 |
| Aug | 163.00 | 163.50 | 160.00 | 162.5-163.0 | − .70to.20 | 203.00 | 152.00 |
| Sept | 164.00 | 164.00 | 161.00 | 162.00 | −1.80 | 178.50 | 156.00 |
| Oct | 166.00 | 166.50 | 162.00 | 164.50 | −2.00 | 192.00 | 150.00 |
| Dec | 167.00 | 167.00 | 163.50 | 166.00b | −2.30 | 180.00 | 158.00 |
| Jan75 | 168.00 | 168.00 | 165.50 | 167.00 | −3.00 | 172.50 | 164.00 |
| **ICED BROILERS** | | | | | | | |
| Mar | 38.60 | 38.70 | 37.75 | 37.95 | − .10 | 54.95 | 34.50 |
| May | 38.60 | 38.75 | 37.75 | 37.90 | − .37 | 52.00 | 35.10 |
| June | 40.60 | 40.60 | 39.35 | 39.95 | − .55 | 44.80 | 36.00 |
| July | 40.65 | 40.90 | 39.85 | 39.85-.95 | − .67to.57 | 45.20 | 36.40 |
| Aug | 41.00 | 41.00 | 40.20 | 40.40-.50 | − .55to.45 | 44.55 | 38.80 |
| Sept | 40.60 | 40.60 | 39.75 | 40.20 | − .30 | 44.25 | 38.00 |
| **PLYWOOD** | | | | | | | |
| Mar | 135.00 | 137.00 | 131.00 | 135.00 | +1.50 | 140.00 | 85.10 |
| May | 136.50 | 138.70 | 133.00 | 138.5-137.5 | +2.8to1.8 | 142.50 | 86.50 |
| July | 137.80 | 139.50 | 135.10 | 138.00 | + .80 | 145.00 | 87.60 |
| Sept | 139.00 | 140.00 | 135.50 | 138.50 | + .50 | 145.00 | 97.00 |
| Nov | 136.50 | 137.00 | 134.00 | 136.00 | +1.00 | 142.90 | 100.00 |
| Jan75 | 136.00 | 136.50 | 132.00 | 134.00 | +1.50 | 140.00 | 123.50 |
| **CHICAGO—SILVER** | | | | | | | |
| Mar | 543.00 | 547.00 | 505.00 | 514.00b | −33.00 | 641.70 | 480.00 |
| Apr | 543.00 | 543.00 | 509.00 | 520.-519.5 | −3.0to3.5 | 641.50 | 205.30 |
| May | 547.00 | 547.00 | 509.00 | 523.00 | −4.00 | 560.00 | 506.00 |
| June | 549.50 | 549.50 | 514.00 | 527.00-.50 | −2.5to2.0 | 647.50 | 219.50 |
| Aug | 554.00 | 554.00 | 519.00 | 534.00-535. | unch to+1. | 649.80 | 227.00 |
| Oct | 559.50 | 559.50 | 525.00 | 538.50 | −1.00 | 651.80 | 273.00 |
| Dec | 562.50 | 562.50 | 528.00 | 542.50 | | 653.20 | 275.00 |
| Feb75 | 565.00 | 565.00 | 533.00 | 545.50 | + .50 | 655.00 | 293.00 |
| Apr | 567.50 | 567.50 | 529.00 | 548.50 | +1.00 | 657.00 | 349.70 |
| June | 570.00 | 570.00 | 542.00 | 551.00 | +1.00 | 582.00 | 529.50 |
| **KANSAS CITY—WHEAT** | | | | | | | |
| Mar | 532 | 536 | 518 | 518 | −18 | 619 | 209½ |
| May | 540 | 540 | 513 | 516 | −20 | 610 | 239 |
| July | 523 | 523 | 499½ | 503 | −17 | 584 | 276 |
| Sept | 520 | 520 | 496 | 498 | −18½ | 582 | 321 |
| Dec | 520 | 520 | 497½ | 501 | −15 | 580 | 462 |
| **MINNEAPOLIS—WHEAT** | | | | | | | |
| Mar | 549 | 549 | 528 | 528 | −17 | 609 | 244 |
| May | 540 | 540 | 514 | 515 | −19 | 599 | 266 |
| July | 515 | 519 | 505 | 505 | −20 | 589 | 335 |
| Sept | 517 | 519 | 494 | 496a | −17 | 581 | 456 |
| **WINNIPEG—RAPESEED (VANCOUVER)** | | | | | | | |
| Mar | 761 | 761 | 756 | 756 | −20 | 817½ | 379¼ |
| June | 751 | 751 | 724½ | 724½a | −20 | 800 | 480 |
| Sept | 717 | 722 | 707 | 707a | −20 | 727 | 584 |
| Nov | 655 | 660 | 654 | 654a | −16 | 690 | 603 |
| Jan 75 | 658 | 658 | 652 | 652a | −16 | 658 | 652 |
| **RYE** | | | | | | | |
| May | 359½ | 360 | 347 | 347 | −15 | 403 | 198 |
| July | 352 | 352 | 335½ | 335½ | −14½ | 387½ | 214½ |
| **FLAXSEED** | | | | | | | |
| May | 1170 | 1170 | 1130 | 1130 | −30 | 1242 | 523 |
| July | 1135 | 1135 | 1095 | 1095a | −30 | 1192 | 803 |
| Oct | 1025 | 1025 | 1023 | 1023a | −30 | 1137 | 845 |
| **CATTLE (CHICAGO MERCANTILE EXCHANGE)** | | | | | | | |
| Apr | 44.95 | 45.15 | 44.17 | 45.15b | +1.00 | 62.07 | 40.62 |
| June | 48.00 | 48.20 | 47.10 | 48.20 | +1.00 | 61.75 | 43.12 |
| Aug | 48.90 | 49.10 | 48.50 | 49.10 | +1.00 | 60.62 | 42.67 |
| Oct | 49.90 | 50.05 | 49.45 | 50.05 | +1.00 | 56.00 | 42.67 |
| Dec | 50.90 | 51.40 | 50.30 | 51.20-50.85 | + .73to.38 | 53.90 | 48.70 |
| Sales estimated at: 13,091 contracts. | | | | | | | |
| **FRESH EGGS** | | | | | | | |
| Mar | 56.25 | 56.25 | 54.50 | 55.15-.45 | − .80to.50 | 72.50 | 43.50 |
| Apr | 54.90 | 54.90 | 53.35 | 54.25-.15 | − .70to.80 | 59.60 | 42.00 |
| May | 52.50 | 52.55 | 51.00 | 51.85-.60 | − .45to.70 | 54.30 | 42.00 |
| June | 52.80 | 52.80 | 51.50 | 52.00 | − .90 | 54.95 | 44.30 |
| July | 54.50 | 54.50 | 53.90 | 54.15a | − .60 | 55.40 | 47.20 |
| Aug | 53.00 | 53.20 | 53.00 | 53.20 | + .20 | 55.60 | 52.50 |
| Sept | 58.90 | 59.00 | 58.00 | 58.55-.75 | + .55to.75 | 60.00 | 52.00 |
| Oct | 57.25 | 57.25 | 57.25 | 57.25 | | 57.25 | 56.20 |
| Sales estimated at: 1,606 contracts. | | | | | | | |
| **POTATOES (IDAHO RUSSET)** | | | | | | | |
| May | 15.69 | 15.77 | 15.49 | 15.70 | .... | 17.75 | 7.55 |
| Sales: 147 contracts. | | | | | | | |
| **FROZEN PORK BELLIES** | | | | | | | |
| Mar | 51.00 | 51.00 | 49.70 | 49.75 | −1.45 | 82.75 | 45.00 |
| May | 52.00 | 52.00 | 50.72 | 50.72 | −1.50 | 82.25 | 48.00 |
| July | 53.05 | 53.05 | 51.90 | 51.90 | −1.50 | 81.10 | 51.10 |
| Aug | 52.80 | 52.80 | 51.22 | 51.22 | −1.50 | 78.40 | 50.75 |
| Feb 75 | 59.60 | 59.90 | 58.15 | 58.85a | − .80 | 65.80 | 51.60 |
| Sales estimated at: 3,587 contracts. | | | | | | | |
| **HOGS** | | | | | | | |
| Apr | 38.15 | 38.15 | 37.00 | 37.20-.10 | − .95to1.05 | 57.60 | 27.15 |
| June | 40.60 | 40.60 | 39.47 | 39.60-.65 | −1.17to1.12 | 58.50 | 35.50 |
| July | 42.80 | 42.85 | 41.75 | 42.-41.90 | − .85to.95 | 57.25 | 35.10 |
| Aug | 43.10 | 43.10 | 41.82 | 42.30b | − .47 | 55.00 | 37.50 |
| Oct | 43.25 | 43.25 | 41.60 | 42.15-.25 | − .80to.70 | 49.10 | 39.25 |
| Dec | 44.85 | 44.85 | 43.55 | 43.90-.70 | − .95to1.15 | 50.45 | 40.10 |
| Feb 75 | 46.80 | 46.85 | 45.90 | 45.90a | − .95 | 48.50 | 44.75 |
| Sales estimated at: 3,875 contracts. | | | | | | | |
| **LUMBER** | | | | | | | |
| Mar | 178.00 | 178.70 | 172.10 | 172.10 | −4.40 | 178.70 | 108.00 |
| May | 177.00 | 178.80 | 173.00 | 173.00-.50 | −2.4to1.9 | 178.80 | 114.00 |
| July | 174.00 | 176.00 | 170.80 | 171.30-.10 | −1.7to1.9 | 176.00 | 117.00 |
| Sept | 170.00 | 172.00 | 165.00 | 166.5-166.0 | −2.5to3.0 | 172.50 | 117.80 |
| Nov | 167.50 | 167.50 | 164.00 | 165.00b | −2.90 | 172.40 | 126.00 |
| Sales estimated at: 1,171 contracts. | | | | | | | |
| **NEW YORK—SILVER** | | | | | | | |
| Mar | 545.00 | 546.00 | 505.00 | 511.00 | −34.00 | 643.00 | 193.50 |
| Apr | 521.00 | 521.00 | 514.50 | 514.50 | −10.50 | 641.50 | 514.50 |
| May | 548.50 | 548.50 | 510.00 | 518.00 | −10.50 | 644.20 | 208.40 |
| July | 553.60 | 553.60 | 515.00 | 523.80 | −9.80 | 646.90 | 225.00 |
| Sept | 558.00 | 558.00 | 518.00 | 528.50 | −9.50 | 649.40 | 231.50 |
| Dec | 563.20 | 563.20 | 525.00 | 534.00 | −9.20 | 652.10 | 274.80 |
| Jan75 | 564.50 | 564.50 | 532.00 | 535.50 | −9.00 | 653.00 | 276.90 |
| Mar | 567.30 | 567.30 | 529.00 | 538.50 | −8.80 | 655.20 | 291.50 |
| May | 569.60 | 569.60 | 532.00 | 541.20 | −8.40 | 657.00 | 342.80 |
| July | 571.80 | 571.80 | 543.50 | 543.50 | −8.30 | 571.80 | 530.90 |
| Sales: 3,463 contracts. | | | | | | | |
| **COPPER** | | | | | | | |
| Mar | 123.50 | 124.00 | 116.50 | 116.60 | −4.90 | 140.00 | 55.50 |
| May | 114.60 | 114.80 | 109.00 | 109.60 | −3.00 | 119.90 | 61.25 |
| July | 110.50 | 110.50 | 105.00 | 105.50 | −2.70 | 115.50 | 66.50 |
| Sept | 107.00 | 107.00 | 102.00 | 102.50 | −2.50 | 112.10 | 66.00 |
| Oct | 105.90 | 105.90 | 101.10 | 101.10 | −2.60 | 110.40 | 67.40 |
| Dec | 103.20 | 104.00 | 98.00 | 98.00 | −3.70 | 107.40 | 72.00 |
| Jan75 | 103.00 | 103.00 | 97.90 | 97.90 | −2.70 | 106.10 | 71.70 |
| Mar | 100.80 | 100.80 | 96.50 | 96.60 | −2.70 | 104.50 | 79.50 |
| Sales: 2,176 contracts. | | | | | | | |
| **SUGAR (WORLD CONTRACT)** | | | | | | | |
| May | 19.00 | 20.95 | 18.95 | 19.95-.60 | unch to−.35 | 24.46 | 7.05 |
| July | 17.80 | 19.67 | 17.70 | 18.55-.30 | − .12to.37 | 23.25 | 7.05 |
| Sept | 16.30 | 18.12 | 16.12 | 16.25-.12 | − .87to1.00 | 21.63 | 7.25 |
| Oct | 15.75 | 17.42 | 15.65 | 15.70-.95 | − .72to.47 | 20.77 | 7.42 |
| Mar 75 | 12.40 | 14.03 | 12.40 | 13.05-12.95 | + .02to.08 | 18.08 | 7.40 |
| May | 12.10 | 13.20 | 12.00 | 12.60-.95 | + .37to.72 | 17.45 | 7.80 |
| July | 11.95 | 12.19 | 11.93 | 12.30 | + .39 | 17.15 | 11.11 |
| Sales: 4,532 contracts. Spot: 21.50n. | | | | | | | |
| **COFFEE** | | | | | | | |
| Mar | 69.70 | 70.00 | 69.50 | 69.70b | + .10 | 79.20 | 57.00 |
| May | 71.25 | 72.60 | 71.30 | 72.45-.50 | − .45to.40 | 82.95 | 65.45 |
| July | 75.40 | 75.65 | 74.40 | 75.40-.60 | − .60to.40 | 85.53 | 66.10 |
| Sept | 78.80 | 78.80 | 77.15 | 78.60 | − .30 | 88.00 | 67.10 |
| Nov | 80.80 | 80.80 | 79.60 | 80.50b | − .50 | 89.10 | 69.90 |
| Dec | 79.90 | 80.50 | 79.90 | 80.50b | − .75 | 89.99 | 70.40 |
| Mar 75 | 81.00 | 81.00 | 81.00 | 81.75b | no comp | 81.00 | 81.00 |
| Sales: 959 contracts. | | | | | | | |
| **COCOA** | | | | | | | |
| Mar | 69.00 | 70.00 | 67.35 | 70.00 | +1.20 | 73.60 | 31.13 |
| May | 63.95 | 63.95 | 61.12 | 63.75 | +1.80 | 69.25 | 31.25 |
| July | 60.70 | 60.70 | 57.70 | 60.70 | +1.70 | 67.65 | 35.90 |
| Sept | 58.60 | 59.30 | 56.20 | 58.80 | +1.15 | 66.10 | 43.90 |
| Dec | 54.50 | 54.50 | 51.85 | 54.10 | + .25 | 58.50 | 43.99 |
| Mar 75 | 52.00 | 52.00 | 50.80 | 51.25 | − .10 | 56.00 | 43.25 |
| May | 50.30 | 50.30 | 48.30 | 49.95 | − .35 | 54.80 | 43.80 |
| July | 48.75 | 48.75 | 48.70 | 48.70 | − 4.5 | 48.75 | 47.50 |
| Sales: 2,442 contracts. | | | | | | | |
| **WOOL FUTURES** | | | | | | | |
| Oct | 182.0 | 182.5 | 182.0 | 182.5 | −0.5 | 254.2 | 182.0 |
| Dec | 183.0 | 183.0 | 183.0 | 183.5b | | 248.0 | 183.0 |
| Spot: 190.0n. | | | | | | | |
| **ORANGE JUICE (FROZEN CONCENTRATED)** | | | | | | | |
| Mar | 48.45 | 48.50 | 47.75 | 47.80b | − .40 | 59.70 | 43.40 |
| May | 50.35 | 50.35 | 49.50 | 49.75 | − .25 | 60.50 | 45.60 |
| July | 52.15 | 52.15 | 51.30 | 51.35b | − .35 | 60.95 | 44.50 |
| Sept | 53.15 | 53.20 | 52.50 | 52.80b | − .35 | 60.60 | 46.00 |
| Nov | 53.85 | 54.00 | 54.75 | 53.40b | − .30 | 60.00 | 47.50 |
| Jan 75 | 54.85 | 54.85 | 54.25 | 54.20b | − .55 | 59.00 | 52.00 |
| Sales estimated at: 400 contracts. | | | | | | | |
| **COTTON** | | | | | | | |
| May | 68.60 | 69.80 | 67.70 | 68.70-.85 | + .55to.70 | 89.95 | 30.80 |
| July | 67.65 | 68.95 | 66.95 | 67.80-.95 | + .60to.75 | 87.40 | 33.20 |
| Oct | 63.20 | 64.10 | 62.05 | 62.75b | + .15 | 77.40 | 39.55 |
| Dec | 60.75 | 61.75 | 59.85 | 60.30-.50 | unch to+.20 | 71.10 | 42.25 |
| Mar 75 | 60.70 | 61.45 | 59.75 | 60.35b | + .10 | 70.20 | 52.25 |
| Sales estimated at: 1,600 contracts. | | | | | | | |
| **SILVER COIN FUTURES (IN DOLLARS)** | | | | | | | |
| Apr | 3720 | 3750 | 3540 | 3540 | −150 | 4435 | 1434 |
| July | 3785 | 3834 | 3635 | 3635 | −150 | 4500 | 1593 |
| Oct | 3855 | 3950 | 3705 | 3705 | −150 | 4570 | 1731 |
| Jan 75 | 3940 | 3943 | 3770 | 3770 | −140 | 4630 | 2145 |
| Apr | 3825 | 3825 | 3825 | 3825 | −150 | 4685 | 2200 |
| July | 4050 | 4050 | 4050 | 3880a | −150 | 4730 | 3288 |
| Sales: 294 contracts. | | | | | | | |
| **PLATINUM** | | | | | | | |
| Apr | 250.00 | 250.00 | 233.00 | 233.00 | −10.00 | 293.50 | 142.50 |
| July | 255.00 | 255.00 | 239.00 | 239.00 | −10.00 | 300.00 | 146.80 |
| Oct | 260.00 | 260.00 | 245.00 | 245.00 | −10.00 | 306.00 | 153.40 |
| Jan75 | 263.00 | 264.00 | 251.50 | 251.50 | −10.00 | 314.50 | 166.00 |
| Apr | 265.00 | 273.00 | 256.00 | 256.00 | −9.90 | 318.00 | 166.50 |
| July | 277.00 | 277.00 | 261.50 | 261.50 | −10.00 | 325.50 | 229.50 |
| Sales: 936 contracts. | | | | | | | |
| **POTATOES (MAINE CONTRACT)** | | | | | | | |
| Apr | 12.30 | 12.40 | 12.00 | 12.00 | − .15 | 15.40 | 4.26 |
| May | 15.00 | 15.00 | 14.56 | 14.81 | + .01 | 17.75 | 4.76 |
| Nov | 7.40 | 7.40 | 7.25 | 7.30 | + .05 | 8.60 | 4.40 |
| Mar 75 | 9.00 | 9.10 | 8.78 | 8.85 | no comp | 9.10 | 8.78 |
| Sales: 2,983 contracts. | | | | | | | |

a-Asked. b-Bid. n-Nominal.

1974 年，根据道琼斯公司和《华尔街日报》的允许印刷的。

| 附　录 |

## 万能的保证金

保证金在技术上叫"最可靠的钱",这是交易者要建仓时提前存入经纪公司的资金总和。这是交易者的金融保证,保证自己会履行合约义务。

每个交易所都对保证金有自己的规定,以每份合约多少美元的形式而不是以总成本的百分比约定。

保证金有两种——初始保证金和变动(维持)保证金。当建立期货仓位时,投入的资金就是初始保证金。然后,如果市场逆着你的仓位波动,到达一个具体的数字时(通常是25%~30%的反向波动),经纪人会打电话给你,要求你追加保证金,这就叫变动(维持)保证金,以让账户满足完整的初始保证金。保证金随着价格水平和每个商品波动性的不同而不同。交易所根据需要会上调或下调保证金比例。这是1974年2月几种典型的保证金要求:

| 商品 | 初始保证金(美元) | 必须维持的水平(美元) |
| --- | --- | --- |
| 玉米 | 1500 | 1000 |
| 棉花 | 6000 | 4000 |
| 土豆 | 800 | 500 |

The Professional | 职业期货交易者 |
Commodity Trader

## 开户

开户最难的部分就是找到好的经纪公司。和无数的小商品经纪公司一样,很多大型的以零售为主的股票交易公司也做商品生意。你可以在商品交易局、任何商品交易所和银行找到这些公司的名单。

你可以和这些公司的业务代表见面交谈,询问他们的财务状况、商品交易的经历、设备情况。研究每家公司过去的市场报告和研究资料,要肯定他们的研究方法和交易方法和你的方法是一致的。比如,技术交易者(也就是图表交易者)无法接受以基本面为导向的公司的研究方法。

期货开户和股票开户、银行开户都很相似。你被要求填一个完整的表格(见下面)和客户协议书。这些协议书有很多用小字印刷的地方,我建议你在签字前要非常认真地阅读。

```
BW-105-72
             BRODY, WHITE & COMPANY, INC.
             TWENTY-FIVE BROAD STREET
             NEW YORK, NEW YORK 10004
                  NEW ACCOUNT CARD

Name(s) _____
                    (please print)
Signature(s) _____ Date _____
Mailing Address _____ City _____ State ___ Zip ___
Telephone:  Residence _____  Business _____
Type of Account  □ Individual  □ Partnership  □ Corporate  □ Joint
Is customer over 21 years of age?  □ Yes  □ No
If Power of Attorney, in favor of whom _____
Occupation _____ Name of Business _____
Bank and other reference _____
```

| 附 录 |

一般情况下，经纪公司要求你在交易前先存入规定的保证金，有些公司有最低的要求，如10000美元，等等。我认为这是好现象——一个人如果不敢拿一定的资金去冒险，我是不建议他做交易的。

# The Professional Commodity Trader │职业期货交易者│

交易者会在自己的邮箱里收到无数份经纪公司的资料。我听说很多人还是搞不懂这些资料，那只是表明他们没有讲清楚。以下是我的解释：

1. 交易确认信是经纪公司在客户的交易（买或卖）后寄给客户的邮件。确认信包括交易时间、买或卖、商品、合约数量（或谷物是以多少蒲式耳表示）、交割月和成交价格。

```
                KROLL, DALON & CO., INC.
                    25 BROAD STREET
                NEW YORK, NEW YORK 10004

                     CONFIRMATION

                                    DATE           ACCOUNT NO.
TO  J. S. PARKER                  FEB 8, 1974       12425-50
    420 EAST 80 STREET
    NEW YORK, N.Y. 10021           NON-REGULATED
```

| BOUGHT | | | SOLD | | |
|---|---|---|---|---|---|
| QUANTITY | COMMODITY | PRICE | QUANTITY | COMMODITY | PRICE |
| | | | 2 | MAY 1974 SILVER | 483.50 |
| | | | 3 | MAY 1974 SILVER | 483.60 |

2. 平仓后，客户会收到买卖成交确认书。这份确认书包括买

卖日期、价格、毛利润或毛亏损（没有扣除佣金前）、佣金、净利润或净亏损。

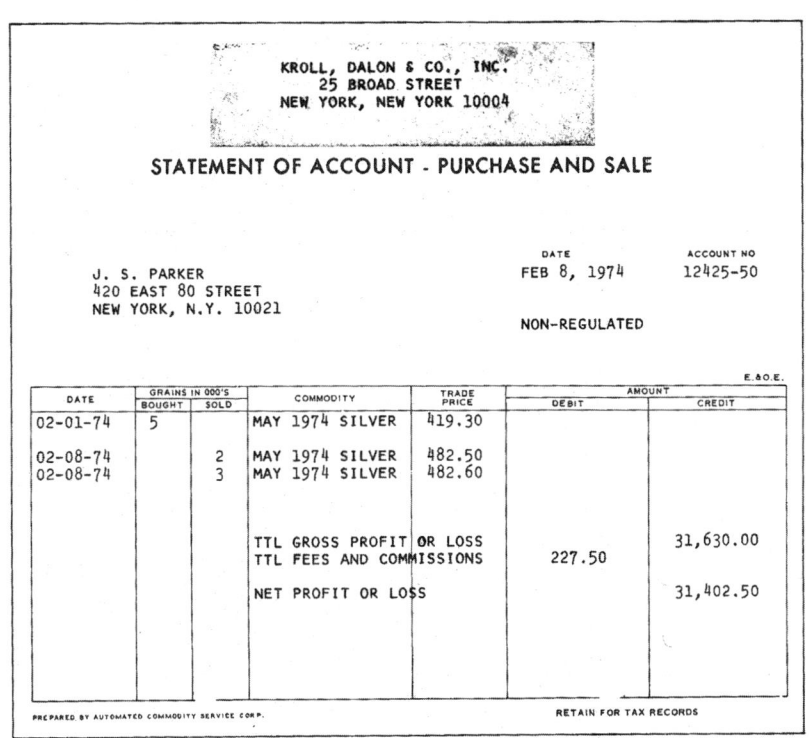

3. 每次下单或取消订单（被取消前或特定的日期前）时，经纪公司会寄出持仓确认书。我建议你认真阅读那些小字。上面说：

# The Professional | 职业期货交易者 | Commodity Trader

---

KROLL, DALON & CO., INC.
KDC SPECIALISTS IN COMMODITY FUTURES
25 Broad Street / New York, N.Y. 10004

Date FEB 1, 1974

Dear Sir(s):
We confirm that we have ENTERED OPEN ORDER(S) for your account as follows:

| TO BUY | TO SELL |
|---|---|
|  | 2 MAY 1974 SILVER 483.50 |
|  | 3 MAY 1974 SILVER 483.60 |

As the responsibility for failure to cancel a former order when entering a substitute therefor rests upon the customer, transactions resulting from the execution of both old and new orders will be entered in the client's account.

---

KROLL, DALON & CO., INC.
25 BROAD STREET
NEW YORK, NEW YORK 10004

## STATEMENT OF ACCOUNT - PURCHASE AND SALE

J. S. PARKER
420 EAST 80 STREET
NEW YORK, N. Y. 10021

DATE FEB 21, 1974    ACCOUNT NO 12425-50

| DATE | GRAINS IN 000'S BOUGHT | SOLD | COMMODITY | TRADE PRICE | DEBIT | CREDIT |
|---|---|---|---|---|---|---|
| 02-21-74 |  |  | BEGINNING LEDGER BALANCE |  |  | 62,690.75 |
|  |  |  | CHECK DISBURSED |  | 15,000.00 |  |
|  |  |  | NEW LEDGER BALANCE |  |  | 47,690.75 |

PREPARED BY AUTOMATED COMMODITY SERVICE CORP.    RETAIN FOR TAX RECORDS

客户如果没有取消以前的单子，然后又下了一个同样的单子，这些责任都是客户的。前后两笔交易费用都要计入客户的账户。

4. 每次存取现金时，经纪人都会寄出取款通知书或存款通知书。你应该确认这些通知书和你的……

5. 月结单，经纪公司在每个月的最后一个工作日寄出的单子。月结单被分为两部分。

（1）第一部分记录了开始和结束的现金余额（只是在月底确认），当月所有的现金项目（比如存款、取款、利润、亏损）。

（2）第二部分列出了当月最后一天的持仓情况。

总结如下：

| 如果你： | 那么你会收到： |
| --- | --- |
| 建仓（买或卖） | 交易确认信 |
| 平仓（买或卖） | 交易确认信和成交确认信 |
| 存款 | 存款通知单 |
| 取款 | 取款通知单 |
| 下单或取消下单 | 持仓确认信 |
| 每月底 | 月结单 |

## 商品市场是如何管理的

有两种商品期货：受监管的和不受监管的。受监管的商品是商品交易局监管的，商品交易局是美国农业部的一个分支。有国内农产品和牲畜产品，如玉米、小麦、活牛、鸡蛋、土豆和冷冻橙汁。不受监管的商品是在国际上生产和交易的，如可可、咖啡、铜、白银和糖，商品交易局不对它们做认定。不受监管的商品由相应的期货交易所管理。

对于受监管的商品，商品交易局扮演监管的责任，以保证交易的规则，同时提供信息和统计数据。商品交易局的责任有：

（1）给交易受监管的商品交易所（称作"合约市场"）发执照；给经纪公司（称作"期货佣金商"）和场内经纪人注册；规定期货佣金商的最低资产要求，审核他们的账户和记录。

（2）确认客户的保证金安全，要求经纪公司把客户的保证金单独存放并保护好。

（3）对投机仓位和交易行为制定法律限制，规定投机者的最大仓位限制（如最多只能持有20万蒲式耳玉米或小麦或25份土豆合约），要求每天把投机者的仓位和交易情况汇报给商品交易局。

（4）防止价格操纵、逼仓、散布假消息、误导大众，观察场内交易，调查并制止违法行为。

## 交易和价格分析是什么？

1. 期货交易的4种基本技术是什么？交易的4个投机方式是：

（1）净多头或净空头仓位；

（2）完全空仓（实际的）仓位；

(3) 价差（跨式组合）仓位；

(4) 利用商品看涨和看跌期权。

在这4种技术中，当然净多头或净空头仓位最常见。看涨的投机者也许会买入期限4~12个月中间的一种期货合约；如果他看跌，他会卖出（做空）期限4~12个月中间的一种期货合约。如果交易者的方向和时机都正确，他也许用很少的投资就能赚到很多钱，这些钱是他在其他交易或投资领域赚不到的。

跨式组合（价差）交易涉及同时买入或卖出两个类似或相关的期货。譬如：做多7月白银的同时做空12月白银；做多纽约9月铜的同时做空伦敦相同的铜；做多芝加哥小麦的同时做空堪萨斯的小麦。跨式组合交易者基本上不在乎价格的涨跌，他感兴趣的是多头和空头的"差价"。他希望多头价格上涨的速度比空头价格下跌的速度快——这样就赚钱。价差交易的技术很复杂，需要的保证金少，如果交易适当，风险比直接交易小。

"嘿，兄弟，我们要把土豆运到哪里交割给你？"虽然大部分交易者害怕交割，但很多有经验的操作者把现货（实物）市场当做期货交易的补充。记住，做多的交易者如果不在交割月之前平仓，他最终要接受交割。在现货市场商品更容易储存和再次交货，比如白银和铂，现货比期货交货方便。把现货仓位卖掉是简单的，你只需要卖出（做空）最近月份的期货，并指示你的经纪公司交割实物，以应对空头仓位。然后，有人就会担心"把这些土豆放在哪里？"

在纽约和伦敦，商品看涨和看跌期权与那些不受监管的商品一起交易。对于波动快速、震荡剧烈的商品来说，期权提供了控制风险的机会。这非常有趣，因为在自由波动的市场，极大的利润和很大的风险相伴相随。看涨期权给持有者以特定价格买入特定数量商品期货的权利，具体价格和数量由期权合约来确定。看跌期权给持有者以特定价格卖出特定数量商品期货的权利，具体价格和数量由期权合约来确定。这些权利必须在特定的日期或在此之前行使。双向期权就是针对同一个商品同时持有看涨和看跌的期权，但是只有一个方向，要么是看涨，要么是看跌，它们可能被执行。通常商品期权的存续期是 3～14 个月，时间越长，成本（权利金）越高。

2. 价格分析的两个方法是什么？基本面分析是根据商品的经济因素进行分析。它寻找价格变化的基本因素，基本上是根据供应关系来寻找。它会问最基本的问题：在目前的经济情况下，价格应该怎么走？

相反，技术分析关心的是通过价格、成交量和持仓量来表现的市场行为。技术派通过每天的报价机、价格图表和长期的市场行为来决定何时买卖或观望。

3. "持仓量"是什么意思？持仓量表明特定商品所有被持有的合约数量。根据定义多头仓位等于空头仓位。譬如，1974 年 2 月纽约白银的持仓量是 6.5 万份合约，这意味着有 6.5 万份多头合约和 6.5 万份空头合约。这与股市完全不同，在股市中空头仓位只是多头仓位的一小部分。

4. 什么是"支撑"和"阻力"？我的定义是，支撑区就是一个价格水平，在这里很多买家进场，或者是想进场，以防止价格下跌，从这里开始价格会上涨（见下图）。阻力区就是一个价格水平，在这里很多卖家进场，或想进场，以防止价格上涨，从这里开始价格会下跌。技术派相信一旦支撑区被下跌的市场击破，那个水平就变成了（头顶的）阻力区。一旦阻力区被上涨的市场冲破，这个水平就变成了支撑区（见下图）。我个人的经历能证明这个理论。

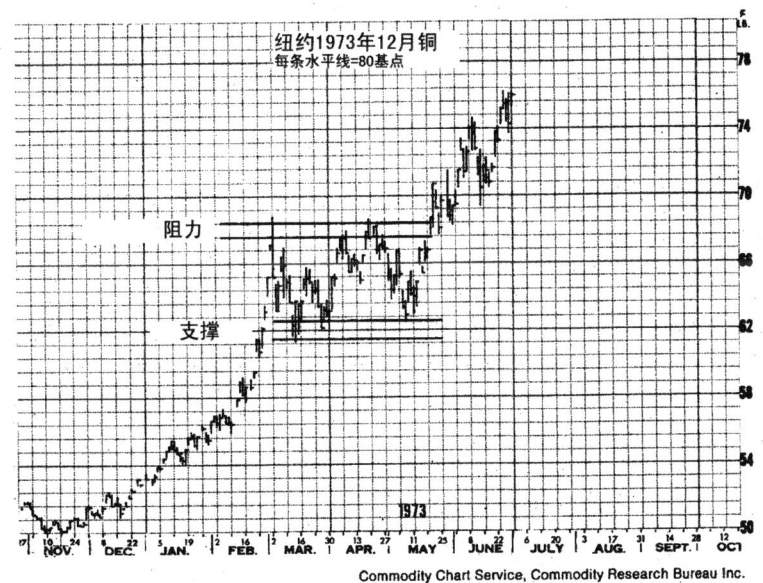

图